# 요리 인류사

**10대와 통하는 요리 인류사**

제1판 제1쇄 발행일 2014년 4월 19일
제1판 제6쇄 발행일 2018년 6월 13일

글 | 권은중
그림 | 심상윤
기획 | 책도둑(김민호, 박정훈, 박정식)
디자인 | 이안디자인
펴낸이 | 김은지
펴낸곳 | 철수와영희
등록번호 | 제319-2005-42호
주소 | 서울시 마포구 월드컵로 65, 302호(망원동, 양경회관)
전화 | (02)332-0815
팩스 | (02)6091-0815
전자우편 | chulsu815@hanmail.net

ISBN 978-89-93463-51-4  43900

철수와영희 출판사는 '어린이' 철수와 영희, '어른' 철수와 영희에게 도움 되는
책을 펴내기 위해 노력하고 있습니다.

10대와 통하는

# 요리 인류사

글 | 권은중 · 그림 | 심상윤

허로 배우는 인간과 생명의 역사

철수와영희

저는 고향이 경상도라 어릴 적부터 "주방에 가면 큰일 난다"는 식의 경고를 듣고 자랐습니다. 30년 넘게 따랐던 그 금기를 깬 것은 집을 떠나 자취를 하면서 집 밥에 대한 그리움 때문이었습니다. 그렇게 시작한 요리는 어릴 때 찰흙 장난을 하는 것만큼이나 즐거운 일이었습니다. 심지어 설거지마저도.

그렇게 요리를 하다 문득 '왜 누구는 쌀을 먹고 누구는 밀을 먹었을까?' 하고 생각했습니다. 이어서 '왜 밀을 먹는 서양은 각각 쌀과 옥수수를 먹던 동양과 아프리카, 아메리카를 식민지로 지배했을까?' 하는 의문을 갖게 됐습니다. 좀 더 나아가 '내가 먹는 이 음식들은 도대체 어디서 왔을까?' 하는 근본적인 화두도 품게 됐습니다.

처음에는 요리를 하면서도 잡념에 빠지는 구제 불능의 집중력 부족에 혀를 찼는데, 어느 순간 제 생각이 잡념이 아니라 인류의 역사를 꿰는 나름의 문제 제기라는 생각이 들었습니다. 그래서 도서관에 가 보니 이미 저와 비슷한 의문을 가진 많은 사람들이 있었다는 것을 알았습니다. 『총·균·쇠』, 『설탕과 권력』, 『시빌라이제이션』, 『마라의 시간 여행』 등의 책은 음식과 인류 역사의 관계에 대한 밑그림을 그리는 데 큰 도움을 줬습니다.

이 책은 제가 요리를 할 때 날것의 생명을 만지거나 멀리 이국의 땅에서 온 향신료의 향기를 맡으면서 '신기하네!' 하며 떠올린 의문과 나름의 해답을 얻는 과정을 모아 놓은 것입니다.

무엇보다 음식은 인간의 역사와 맞닿아 있습니다. 이 책에는 35억 년 전 탄생한 곰팡이처럼 눈에 보이지 않는 것은 물론이고 후추나 설탕 같은 음식들이 나옵니다. 그러나 이 책의 핵심은 음식 그 자체가 아니라 음식을 둘러싼 인간의 의지입니다. 많은 음식 재료를 하나로 잇는 황금 끈은 바로 인간의 의지입니다.

인간은 불을 손에 넣고 싶다는 의지를 300만 년 만에 끝내 실현시킨 지구 최초의 동물입니다. 인간은 배고픔을 해결하기 위해 오랜 관찰 끝에 곡식을 재배했고 좀 더 많은 곡식을 생산하고 사냥을 하기 위해 골몰한 끝에 사자의 발톱보다 강한 강철 도구를 손에 넣었습니다.

그러나 음식에 대한 의지는 인간의 역사에 짙고 긴 그림자를 남깁니다. 음식은 인간을 죄악의 길로 내몹니다. 동물뿐 아니라 다른 인간을 지배하고 싶은 욕망으로 이어진 것입니다. 인간이 인간을 지배하고 학살하는 불합리의 최정점은 15세기 이후 서구의 제국주의였습니다. 제국주의의 첫발은 인도의 후추에 대한 서양인들의 집착에서 시작됐습니다. 지름 2~3밀리미터의 후추 알이 지름 1만 2700킬로미터인 지구의 역사를 바꾸어 놓았습니다.

후추로 시작한 피비린내 나는 인류의 역사는 설탕으로 이어지며 끔찍한 노예 무역을 태동시킵니다. 그 노예들을 해방하는 근거가 되는 인간 존엄에 대한 각성 역시 열대작물인 커피를 마시면서 시작됩니다. 커피를 마시면서 나눈 토론을 통해 만들어진 합리성과 인간 중심의 사고를 하는 계몽주의는 유럽에서 시민 혁명을, 신대륙에서는 독립 운동을 이끌어 냅니다.

그 결과 많은 국가에서 의회라는 정치 제도를 만들어 왕권 같은 절대 권력을 견제하게 됩니다. 원숭이나 늑대처럼 혹은 고대의 왕족들처럼 무력이 아니라, 선거로 권력을 교체하는 집단 지혜를 이루어 냅니다.

변방의 보잘것없는 섬나라였던 영국이 18세기 세계를 지배하는 나라가 되고, 고향을 버리고 이민을 떠난 사람들이 세운 미국이 20세기 초강대국이 된 것은 의회 중심의 민주주의 때문이었습니다. 반면 의회가 없던 절대 왕정의 중국과 스페인은 세계 역사의 주역 자리를 다른 나라에 넘겨야 했습니다. 이처럼 인간의 의지는 그저 식탐에서 그치는 것이 아니라 "좀 더 아름답고 위대하게"라는 이상에까지 다가갑니다.

그러나 이 책은 인간의 의지에만 초점을 맞추지 않았습니다. 인간이 만물의 영장으로 자기만의 역사를 써 갈 수 있었던 것은 다른 생명들의 의지가 있었기 때문입니다. 인간을 비롯해 모든 생명은 35억 년 전 태어난 원시 식물에서 비롯됐습니다. 자신을 죽이려는 자외선에 맞서 몸 안 화학 공장에서 햇빛을 양분으로 만든 식물에 모든 생명은 빚을 지고 있습니다. 이 책은 이처럼 생명이 갖는 의지들이 빚어내는 음식을 통해 인류의 역사를 조명하려 했습니다.

바쁜 일상에 허덕이며 살아가는 제가, 어느 날 인류의 조상들처럼 나무에서 내려오게 된 것(결정적인 계기가 됐다는 것을 저는 '나무에서 내려왔다'라고 비유합니다)은 순전히 요리 덕분입니다.

한 끼 저녁을 위해 식탁에 올라오는 수많은 생명체들은 스스로 지구의 역사나 인류의 도전을 대표하고 있었습니다. 그 의젓한 생명들이 저를 건강하게 했을 뿐만 아니라 똑똑하게 만들었습니다. 그래서 이 책에는 역사적·지구사적 사실과 함께 손쉬운 요리 방법을 함께 소개했습니다. 인류사의 중요한 전환점을 요리와 함께 배우는 새로운 방식의 학습법입니다. '지식을 먹어 삼키면 절대 잊어버리지 않는다'라는 제 경험을 바탕으로 한 것입니다.

아울러 이 책은 음식이 '공학'이 돼 버린 현대 사회에서 살아가는 생존법을 담고 있습니다. 어디서 어떤 재료로 만들었는지 알 수 없는 현대 음식은 우리의 건강을 위협하고 있습니다. 이 책은 그런 공장 음식의 틈바구니에서 어떻게 좀 더 건강하게 지낼 수 있는지에 대해서도 알려 줍니다.

여러 부족함 속에서 나온 이 책을, 여든을 바라보는 나이에도 늘 책을 가까이하시는 아버지와 아직도 고향인 안동에서 고추를 직접 사 와 집에서 말려 만든 고춧가루를 못난 아들에게 아낌없이 퍼 주시는 어머니에게 가장 먼저 보여 드리고 싶습니다. 철수와영희 대표님과 출판사 가족들께도 감사의 마음을 전합니다.

2014년 4월 세종시에서
권은중

# 차례

# 밥 한 그릇에 담긴 인간과 생명의 역사

"먹는 음식이 곧 자기 자신이다."

—루트비히 포이어바흐

오늘 저녁은 뭘 먹을 건가요?

어머니가 오늘 저녁 식탁에 현미밥과 청어구이, 된장찌개와 김치를 올렸으니 빨리 집에 들어오라는 전화를 했다고 가정해 볼까요? 벌써 군침이 돌지 않나요? 학원으로 바로 가야 하기 때문에 편의점에서 샌드위치와 우유로 간단하게 때워야 한다고요? 사정상 어쩔 수 없다지만 안타까운 일이네요.

방금 당신은 두 가지 음식 중 하나를 택했습니다. 한쪽은 엄마의 정성이 담긴 밥상이고 다른 한쪽은 공장에서 생산된 샌드위치입니다. 차이는 있지만 모두 민족과 우주의 역사가 담겨 있다는 점에서는 같습니다.

놀라셨나요? 저녁 한 끼 식사에 거창한 우주니 민족이니 하는 이야기가 낯설 수 있습니다. "에이, 허풍이 세시네요"라고 절 놀리려는 사람도 있을지 모르겠어요. 자세히 설명을 해 보겠습니다.

## 곡식과 문명

인간의 생명은 정자와 난자라는 단세포에서 시작합니다. 이 둘이 수정하면서 세포 분열이 일어나고 나중엔 약 50조 개 정도의 세포로 이뤄진 어른의 몸으로 성장합니다. 지구의 생명체도 단세포 생물에서 시작합니다. 최초의 생명체는 박테리아 같은 존재였습니다. 이것이 수십억 년 동안 다세포 생물로, 식물과 동물로 진화를 거듭하게 되죠. 그리고 마침내 인간 같은 고등 생명체가 지구에 등장하게 됩니다. 단세포인 정자와 난자가 만나 태아가 되고 출산 후 어른이 되는 개인의 성장 과정에는 단세포가 진화를 거듭해 고등 동물에 이른 지구 생명체의 역사가 고스란히 녹아 있습니다.

음식도 마찬가지입니다. 밥 한 그릇에 인간의 역사가 담겨 있습니다.

아까 말한 저녁 밥상으로 돌아가 볼까요. 어머니가 차려 주신 밥을 한 숟가락 떠서 입에 넣어 봅시다. 현미는 촉감은 거칠지만 흰쌀에 비해 영양분이 많습니다. 열량이 적고 소화하는 데 시간이 걸려 식사 후 금세 혈당이 올라가지 않아 당뇨병 같은 성인병을 예방합니다. 그런데 사실 현미는 최근까지 환영받지 못하는 음식이었습니다. 흰 쌀밥은 부의 상징이었지만 거친 현미밥은 보리밥과 마찬가지로 대접을 받지 못했죠. 손님에게 현미밥을 내주면 푸대접한다고 생각했을 정도였으니까요. 현미밥 한 그릇에도 끊임없이 변하는 우리 현대 사회의 단면이 담겨 있습니다.

이번에는 밥 자체를 좀 더 깊숙하게 들여다볼까요? 쌀은 어디서 왔을까요? 언제부터 인간이 쌀을 식량으로 삼았을까요?

인간이 본격적으로 벼를 재배하기 시작한 것은 불과 5000년밖에 되지 않습니다. 처음에는 야생에서 자라는 벼의 껍질을 벗겨 쌀을 채취했습니다. 그러다가 볍씨를 적당한 장소에 심어 키우게 되지요. 이전에는 사냥이나 채집으로 먹을거리를 해결했습니다. 열매나 사냥감을 찾아 여기저기 떠돌아다녀야 했지요. 그러나 곡식을 키우면서부터는 그럴 필요가 없어졌습니다. 본격적인 정착 생활을 하게 된 것입니다.

농사를 지으면서 여러 가지 도구들이 발명됩니다. 곡식을 기르고 보관하기 위해 농기구와 그릇 등을 만들어요. 기술이 좋아지고 생산력이 높아지면서 수확량이 늘게 되고 먹을 것이 풍부해지자 사람들이 점점 더 모여듭니다. 마을이 하나 둘 생기다가 도시를 이루면서 이른바 문명이 생겨나는 것입니다.

쌀, 보리, 밀과 같은 곡식을 키우려면 기름진 땅과 물이 필요합니다. 세계 4대 문명의 발상지는 모두 두 가지 조건을 잘 충족시키는 곳이었어요. 곡식의 역사는 곧 인류 문명의 역사인 것입니다.

## 불로 익힌 음식

쌀이 밥이 되려면 불이 필요합니다. 낟알의 껍질을 까서 씻은 후 물을 부어 불로 익혀야 합니다. 불이 없다면 생쌀을 먹을 수밖에 없겠지요. 우리에게 따

뜻한 밥 한 끼를 가능하게 한 불의 의미를 알려면 문명 이전으로 거슬러 올라가야 합니다.

그리스 신화는 불이 원래 신의 것이었음을 알려 줍니다. 프로메테우스는 신들로부터 그의 동생 에피메테우스와 함께 인간과 동물들에게 살아가는 데 필요한 능력을 주라는 명령을 받습니다. 에피메테우스는

동물들에게 용기, 힘, 지혜 등을 선물합니다. 그런데 선물들을 모두 써 버리는 바람에 인간의 차례가 되자 줄 것이 없어져요. 이에 프로메테우스는 신들 몰래 불을 훔쳐 인간에게 줍니다. 이 일로 프로메테우스는 신들로부터 매일 독수리에게 내장을 쪼이는 형벌을 받게 되죠.

불은 인간에게 많은 능력을 주었습니다. 우선 추위와 어둠, 맹수의 습격에서 벗어날 수 있게 되었지요. 활동 시간과 영역이 커집니다. 그러나 무엇보다 중요한 것은 바로 '음식 혁명'을 가능하게 했다는 것입니다. 불이 없던 시절에는 모든 음식을 날로 먹어야 했습니다. 그런데 날것은 소화가 잘 안 됩니다. 특히 쌀 같은 단단한 알갱이 곡식이나 질긴 풀들은 그냥 먹기가 매우 어렵죠. 인간은 먹는 양에 비해 다른 동물보다 소화력이 떨어집니다. 소나 코끼리처럼 큰 입과 튼튼한 소화 기관을 가졌다면 굳이 불에 익혀 먹을 이유도 없었을 거예요. 인간이 불을 발견하지 못했다면 소처럼 튼튼한 내장을 가진 동물로 진화했을지도 모르겠습니다.

인류학자들은 불이 다른 동물에 비해 신체적 조건이 취약한 인간에게 엄청난 생존 경쟁력을 가져다주었다고 보고 있습니다. 불로 요리한 음식을 먹으면서 인간의 뇌 활동이 활발해졌다고 합니다. 직립 보행을 가져온 결정적 계기가 불에 익힌 음식 탓이라고 주장하는 학자도 있습니다.

인간이 불을 발견한 것은 50만 년 전으로 추정됩니다. 번개가 쳐서 마른 나무에 붙은 불을 봤을 것으로 생각합니다. 20만 년 전쯤이라는 주장도 있습니다. 하지만 지금처럼 자유자재로 불을 사용하게 된 것은 농경 생활이 시작된 1만 년 전쯤으로 추정됩니다.

## 식물과 동물

인간이 불을 발견하기 훨씬 전부터 지구 상에는 이미 벼와 청어가 각각 평원과 바다에서 자라고 있었습니다. 그렇다면 이러한 식물과 동물은 어떻게 생긴 것일까요?

생명의 기원에 대해서는 의견이 분분합니다. 외계에서 왔다는 설도 있고 신이 창조했다고 믿는 사람들도 있지요. 과학자들은 원시 대기[1]나 바다에 있는 무기물들이 화학 작용을 거치면서 단세포 생물이 됐다는 가설을 세웠습니다. 그리고는 인공적으로 만든 원시 대기 상태에서 전기 방전으로 단백질을 만들어 내는 실험에 성공함으로써 이를 입증했습니다.

지구 최초의 생명체는 남조류(시아노 박테리아)였습니다. 이건 가설이 아니라 사실입니다. 35억 년 전의 화석이 발견됐기 때문입니다. 지금도 존재하는 단세포 동물인 남조류는 푸른 플랑크톤을 뜻합니다. '시아노'(cyano)는 라틴 어로 '푸르다'란 뜻입니다. 남조류라고 할 때의 한자 '람(藍)'도 '쪽빛' 즉, 푸른색을 뜻합니다.

남조류가 물속에서 지나치게 많이 번식하는 현상을 녹조 현상이라고 합니

다. 오염 물질 등으로 영양이 풍부해지고 수온이 올라가 남조류 개체 수가 폭증하는 현상입니다. 35억 년 전 등장한 남조류의 위세가 지금도 대단한 셈

---

1 지구에 생긴 최초의 대기. 주로 질소나 이산화탄소로 이루어져 있었다.

이죠.

이들이 푸른색을 띤 것은 엽록소 때문입니다. 엽록소는 빛 에너지를 화학 에너지로 바꾸는 역할을 합니다. 즉 남조류가 태양의 빛을 이용해 광합성을 했다는 것입니다. 그러니 오늘날 존재하는 모든 식물의 조상인 셈입니다.

남조류는 광합성을 통해서 자신의 몸을 살찌울 뿐 아니라 산소를 뿜어냈습니다. 수억 년 동안 물속에 머릿수를 키우던 이들 가운데 일부는 드디어 스스로 움직일 수 있는 편모(鞭毛)를 만들어 동물이 됩니다. 또 물속에 있던 남조류의 후예 가운데 일부는 육지로 올라갑니다. 물에서 하던 대로 햇빛을 이용해 자기 몸을 키우고 산소를 뿜어냅니다. 이 산소는 지구에 생명체의 폭발을 일으키는 밑천이 됩니다. 남조류가 뿜어내는 산소를 토대로 바다에 살던 식물과 동물이 육지로 올라오게 되지요.

## 설탕과 산업 혁명

쌀밥 한 그릇과 같은 음식에는 45억 년 전 지구의 탄생과 함께 시작된 엄청난 생명의 역사가 들어 있습니다. 근대사는 음식이 인간의 삶에 미친 영향을 극적으로 보여 줍니다.

1500년까지만 해도 유럽은 중세 암흑기를 빠져나오지 못했어요. 세계 역사의 변방이었습니다. 당시 세계를 주름잡던 것은 아프리카에 함대를 보낼 정도로 국력이 셌던 중국이었죠. 중국의 생산력은 세계 경제의 절반을 차지하고 있었어요. 나머지의 절반은 인도의 것이었죠. 유럽은 명함도 내밀 수가 없었어요. 생각해 보세요. 모든 게 신의 뜻이고 여기서 어긋나면 이단이고 마녀라고 하던 시대에 어떤 근사한 아이디어가 나올 수 있겠어요. 창의력이 없는 나라는 결코 세계 무대 중심에 설 수 없는 법입니다.

그렇다면 유럽은 어떻게 변방에서 중심으로 자리를 바꿀 수 있었을까요? "산업 혁명!" 정답이에요. 여러분이 아시다시피 산업 혁명은 유럽을 근대화로 이끌면서 역사의 주인공으로 우뚝 서게 합니다. 그럼 산업 혁명은 어디서 시작됐을까요? "증기 기관!" 이건 반쯤 맞은 거 같아요. 증기 기관 이전에 우리가 주목해야 할 음식이 있습니다.

당시 후진국이던 영국은 왜 증기 기관을 만들게 됐을까요? 중국도 아니고 인도도 아닌, 왜 하필 영국이었을까 하는 의심을 해 볼 만합니다. 그런데 영국의 산업 혁명은 놀랍게도 설탕과 밀접한 관계가 있어요. 말도 안 된다고요? 하나하나 이유를 따져 보겠습니다.

산업 혁명의 배경을 알려면 노예 무역부터 살펴봐야 합니다.

아메리카 대륙을 발견한 스페인은 그곳에 살고 있던 원주민을 무차별 학살하고 식민지를 건설합니다. 그러고는 빼앗은 땅에 설탕의 원료인 사탕수수를 심어요. 유럽에서 설탕은 매우 귀한 음식이었습니다. 비싼 가격에 팔렸지요. 상인들은 너나 할 것 없이 설탕을 확보하기 위해 경쟁했습니다. 그런데 막상 사탕수수를 심을 땅을 확보했지만, 선주민인 인디오들을 학살하는 바람에 일손이 부족해집니다. 설탕을 만드는 데는 엄청난 노동력이 들어가거든요. 그러자 스페인 사람들은 아프리카에 가서 인간 사냥을 하기 시작해요. 노예 무역이 시작되는 겁니다.

맨 처음 이 아이디어를 낸 것은 스페인 선교사들이라고 해요(인도양 항로를 최초로 발견했던 포르투갈이 먼저라는 설도 있습니다). 이들은 이교도들을 교화하는 것이 최우선의 목표였지요. 수단과 방법을 가리지 않았습니다. 어쩌면 스페인이 과거 설탕을 처음 재배했던 이슬람의 지배를 받았던 경험이 있기에 더욱 적극적이었는지도 몰라요.

스페인은 노예 무역을 독점하면서 식민지에 인력을 공급합니다. 그러다가 16세기 영국이 스페인의 무적함대를 침몰시키자 독점권은 영국으로 넘어가게 돼요(나중에 영국의 노예 제도는 고스란히 미국에 전해집니다).

독점권을 가진 영국은 대서양에서 아프리카-아메리카-유럽을 연결하는 삼각 무역을 했어요. 술과 총을 아프리카 부족들에게 건네주고 노예를 사 왔습니다. 그리고 이를 아메리카 대륙에 팔고 그 돈으로 설탕과 담배를 사서 유럽에 판 것이죠. 이런 식으로 영국은 막대한 부를 축적했고 대항해 시대의 패권을 야금야금 장악해 나갔습니다.

설탕으로 재미를 본 영국은 이익이 더 많이 남는 상품을 찾아다녔습니다. 그러다 인도의 면화를 발견합니다. 영국은 원래 양털로 만든 모직으로 유명했습니다. 그런데 이게 더운 나라에서는 쓸모가 없어요. 반면 면화는 시원하고 염색하기도 좋아서 세계 어느 나라에나 팔 수가 있었죠. 면직물이 인기를 끌자 인도에서 면화를 들여와 천을 만듭니다. 그러다가 증기의 힘을 이용한 방직기를 만들게 된 거예요. 영국에는 물을 증기로 만들 연료인 석탄이 풍부했습니다. 노천 탄광이 수두룩해서 싼 가격에 쓸 수 있었어요.

사람 손이 부족했던 것도 방직기를 만든 배경입니다. 오랜 내전과 전염병으로 영국의 인구는 유럽의 다른 나라에 견줘 적은 편이었거든요. 기계의 힘이 필요할 수밖에 없었어요. "목마른 사람이 우물 판다"고, 결국 절박했던 영국이 증기 기관을 발명합니다. 이걸로 방직기를 돌리고 증기 기관차와 증기선을 만들어 세계의 바다와 땅을 지배하게 되죠.

증기 기관의 힘은 대단했습니다. 오죽하면 산업 '혁명'이라는 말을 썼을까요. 아크라이트가 만든 증기 방적기는 사람보다 몇백 배 많은 일을 할 수 있었습니다. 따로 임금을 줄 필요도 없었지요. 문제는 기계 덕분에 사람이 할 일이 없어졌다는 겁니다. 영국이 대량으로 값싼 면직물을 생산하기 시작하자 면직물 가격이 폭락합니다. 이로 인해 수십만 명의 인도인이 실업자 신세가 되어 굶어 죽게 돼요.

그 과정에서 영국은 잔인한 계략을 쓰기도 합니다. 경쟁국을 견제하고자 당시 세계 최고 수준이었던 인도 방직 기술자들의 엄지손가락을 잘랐죠. 식민지 인도의 기술력을 죽이고 대신 자기들이 값싸게 만든 물건을 비싸게 팔아먹은 겁니다.

과거 일본 제국주의가 조선 침략 때 써먹은 방법도 이와 같습니다. 일본의 값싼 면직물이 들어오면서 우리나라의 산업 토대가 무너집니다. 그런 식으로 상업은 물론 농업을 장악하죠. 일거리가 없어 먹고살 길이 막막해진 우리나라 백성들은 만주로, 연해주로 정처 없이 떠나야 했어요. 그 후손이 지금의 중국·러시아 교포들이에요.

## 커피와 민주주의

산업 혁명의 출발지였던 영국은 한편으로 의회라는 민주주의 제도를 발전시킵니다. 왕 한 사람이 아닌 여러 명의 슬기를 모을 수 있는 제도였지요. 이는 영국이 세계를 지배할 수 있는 기틀을 마련해요. 영국에 앞서 신대륙을 발견하고 금을 독점하던 스페인과 비교해 보면 이 사실을 잘 알 수 있습니다.

당시 왕정 국가였던 스페인은 탐욕스런 왕과 귀족들이 흥청망청 돈을 써버리는 바람에 국가 부도 위기에 빠집니다. 그리곤 서서히 유럽의 역사에서 주변부로 밀려나요. 영국처럼 왕의 독단을 막을 제도적 장치가 있었더라면 결과가 달랐을 수도 있어요. 영국에서 시작한 산업 혁명은 이처럼 제국주의와 민주주의라는 동전의 양면으로 발전하게 됩
니다. 그런데 이 민주주의 발전에 기여한 것
은 아이러니하게도 신대륙에서 원주민들이
재배한 커피였습니다.

유럽은 수질이 안 좋습니다. 지하수건 강
물이건 석회염이 많아서 바로 식수로 사용
하기 어려워요. 거기에 비하면 우물이나 시냇물을 바로 마실 수 있는 우리나
라의 자연환경은 축복입니다. 유럽인들은 그래서 물 대신 맥주나 와인을 마
셨습니다. 말 그대로 물 마시듯이 술을 마셨던 거죠. 늘 술에 취해 살던 유럽
인들이 달라지기 시작한 건 근대에 들어서입니다. 신대륙에서 커피가 들어오
자 유럽인들이 술 대신 커피를 마시기 시작합니다. 곳곳에 커피 하우스가 들
어서고 여기서 사람들이 정치와 경제에 대해 토론하기 시작합니다.

제국주의의 수탈에서 얻은 막대한 부를 밑바탕으로 한 유럽의 과학과 철
학은 나날이 발전합니다. 인간 본성에 대한 탐구가 시작되고, 인간은 존엄한
존재이며 인간의 자유를 국가가 억압해서는 안 된다는 인본주의 사상이 싹
틉니다. 이 사상은 프랑스 혁명으로, 미국의 노예 해방으로 이어집니다. 식민
지 학살과 노예 무역을 저질렀던 제국주의의 야만이라는 쓰레기통에서 민주
주의라는 아름다운 꽃이 피어납니다. 커피야말로 그 모든 과정을 함께한 음
식인 것입니다.


음식에는 이처럼 지구와 인류의 역사가 담겨 있습니다. 이 책은 우리가 익
히 알고 있는 음식을 통해 딱딱하게 느껴졌던 역사와 과학 이야기를 풀어나
갈 것입니다. 각 장마다 주제 음식이 나옵니다. 이와 관련한 역사적 사실들이

시간과 공간을 넘나들면서 펼쳐집니다. 그리고 마지막엔 맛있는 요리가 소개됩니다.

역사책에 갑자기 웬 요리냐고요? 요리는 그저 한 끼 식사를 해결하려는 낭비적인 행위가 아니에요. 요리는 생명으로 나의 몸과 마음을 채우는 일입니다. 적극적인 이성 활동이자 창조 활동이지요. 소개된 요리들은 달걀 삶기와 같은 일상적인 것들이에요. "에이, 이게 무슨 요리야." 할 수도 있지만 멋진 요리를 할 수 있는 기초 중의 기초입니다.

공부를 잘한다고 요리를 잘하는 것은 아닙니다. 하지만 요리를 잘하면 공부를 잘할 수 있습니다. 뇌만큼 똑똑하고 기억력이 좋은 혀가 역사와 자연에 대한 이해를 도울 것이기 때문입니다. 요리는 세계와 자연에 대한 지식을 저장하는 기억 장치입니다. 혀로 배우면 절대 잊지 않습니다.

혀로 배우는 인간과 생명의 역사, 그럼 지금부터 시작해 볼까요?

# 1장

# 원시 시대,
# 생명은 어떻게 탄생하고
# 진화했나?

# 1. 불-음식을 음식답게 인간을 인간답게

"불은 아마도 언어를 제외하고
인간이 이룩한 가장 위대한 발견일 것이다."

—찰스 다윈

" '앗 뜨거워!'

50만 년 전 지금의 아프리카 대륙의 한 원시인은 불길이 휩쓸고 간 폐허 속에서 아직 타고 있는 나뭇가지를 무심코 집어 들다 놓칩니다. 남들은 숯 더미 속에서 죽은 짐승들을 골라내 먹느라 정신이 없었지만 그는 자연적으로 발생한 들불의 잔해에서 불꽃을 피우고 있는 나뭇가지를 보느라 정신이 없습니다.

옆에서 동생이 잘 익은 짐승의 살을 뜯어 줍니다. 조심스레 입에 넣고 씹어 봅니다. 맛이 있습니다. 늘 먹던 날고기와는 비교가 되지 않습니다. 이 원시인은 저 무서운 불을 어떻게든 동굴로 가져가야겠다고 생각합니다. 동료는 물론 동생마저 말리는데도 불붙은 나뭇가지를 조심조심 들고 동굴로 돌아갑니다."

## 불의 신화와 인류 문명

불은 아름답습니다. 타오르는 불꽃을 보면 힘과 정열을 넘어선 신비함이 느껴집니다. 특히 촛불이 그렇습니다. 희고 긴 몸을 태워 불꽃을 일으키는 초를 보면 안쓰러움과 함께 꺾을 수 없는 의지 같은 것이 느껴집니다. 자신의 몸을 적시는 촛농은 희생이란 단어를 떠올리게 합니다. 그래서 모든 불을 끄고 촛불을 켜면 어떤 신성함과 따뜻함이 느껴집니다. 절과 성당 같은 곳에 촛불이 늘 켜 있는 이유일 겁니다.

불은 1만 년 전까지만 해도 온전히 인간의 것이 아니었습니다. 불은 신의 것이었고 지구의 것이었고 우주의 것이었습니다. 감히 인간에게 허락되지 않았습니다. 하지만 인간은 동물 가운데 처음으로 불을 손에 넣었습니다. 그러기까지 엄청난 희생이 있었을 겁니다. 그래서 그리스 신화는 이렇게 표현하죠. 프로메테우스라는 신은 인간에게 불을 전해 준 대가로 제우스로부터 자신의 내장을 매일 독수리에 쪼이는 형벌을 받는다고. 고대인의 입장에서 불은 신이 자신을 희생하면서까지 나약한 인간에게 건네준 축복이 맞을 겁니다. 그렇지 않고서는 이렇게 강하고 아름다운 것이 인간의 곁에 있을 수 없으니까요.

인류가 불을 발견했던 초기에는 불씨를 꺼뜨리지 않는 것이 아주 중요했습니다. 그만큼 구하기가 어려웠으니까요. 오늘날 불은 언제 어디서든 쉽게 얻을 수 있습니다. 그러나 불이 인간의 삶에 끼치는 영향력은 원시 시대나 지금이나 변함이 없습니다. 지금도 불 없이는 아무것도 할 수 없어요. 불에서 시작된 인류의 문명이 오늘날에도 이어지고 있다는 뜻입니다.

인간이 불을 발견한 것은 기원전 50만 년 전쯤으로 추정됩니다. 당시 화석에서 불에 익힌 곡식이나 동물의 뼈가 나온 것이죠. 인간이 불을 발견한 것은 앞에 말씀드린 것처럼 우연이었을 것입니다. 자연적인 발화로 시작된 불을 발견했고 그 불에 의해서 모든 식물과 생명체가 타 버리는 것을 봤을 것입니다. 인간 대부분은 다른 동물들처럼 불을 무서워했을 테지만 일부는 호기심을 가졌을 것입니다. 그 호기심이 인간으로 하여금 불을 얻게 했습니다.

불 앞에 선 원시인은 무엇보다 불꽃이 보여 주는 시각적인 매력에 빠졌을 겁니다. 그리고 불꽃이 뿜어내는 온기와 불에 그슬린 먹을 것의 냄새가 그를 유혹했을 겁니다. 불에 탄 곡식이나 동물의 살은 비교할 수 없을 정도로 맛있었을 테니까요. '저 날름거리는 불꽃을 가지고 싶다'라고 생각했을 거에요. 실제로 손을 뻗었다가 낭패를 봤을지도 모릅니다. 몇 번의 시도 끝에 일부 현명한 조상들은 불이 꺼져도 불씨가 남는다는 것을 알아냈을 겁니다. 이처럼 지혜를 얻는 첫 번째 방법은 관찰입니다. 관찰은 오랜 시간을 견디는 끈기를 필요로 합니다. 관찰 끝에 인간은 불씨를 통해 불을 만들 수 있다는 것을 알게 됩니다. 그리고 수많은 시행착오 끝에 그 불씨를 직접 만드는 법을 알게 됩

니다.

불은 왜 불꽃을 내며 타오르는 것일까요? 불꽃은 산화 작용입니다. 산소 분자가 물질의 분자와 함께 연소하면서 만들어지는 것이죠. 18세기 말 프랑스 화학자인 라부아지에가 그 사실을 알아내기 전까지, 인간은 물질 속에 불꽃을 만드는 원소가 있다고 생각했습니다.

불은 인류 역사 발전의 핵심입니다. 인간을 인간답게 만드는 역할을 했지요. 불을 발견하면서 인간은 신체적 불리함을 뛰어넘어서 모든 생명 활동의 으뜸인 지성을 확보했습니다.

인간이 마찰열로 불꽃을 만들 수 있다는 사실을 알게 되기까지 적어도 수만 년의 시행착오가 있었을 겁니다. 이 과정을 프로메테우스라는 신이 인간에게 불을 주었다는 식으로 아름답게 표현한 겁니다. 신화는 이처럼 인간이 자연과 벌인 투쟁을 아름답게 각색해 줍니다.

불을 발견하고 나서 인간은 더 이상 시간과 공간에 제약을 받지 않게 됩니다. 캄캄한 밤이나 추운 겨울에도 활동할 수 있게 됩니다. 시·공간적 제약을 극복하게 되고 인구가 폭발적으로 늘어납니다. 이 시점을 농경 사회의 출발로 보는 학설도 있습니다.

## 농업과 기하학

농경 사회에 이르러 인간은 비로소 한곳에 정착합니다. 정착은 인간에게 새로운 지혜를 가져다줍니다. 바로 달력과 문자입니다. 한곳에서 살면서 인간은 계절의 변화와 작물의 변화를 관찰합니다. 그리고 그 변화가 달과 해의 일정한 움직임 아래 진행된다는 것을 깨닫죠.

달력이 나오면서 인간은 수를 이해하게 됩니다. 달이 약 30일을 주기로 이

지러지고 차오르는 것을 알게 되는 것이죠. 이뿐만 아닙니다. 농사를 지으면서 언제 비가 오고 언제 강물이 넘치는지를 알게 됩니다. 강물로 어지럽혀진 땅의 면적을 계산하는 기하학이 생깁니다. 기하학은 수학의 원조입니다. 인간은 이제 신의 지혜에 한 발짝 다가갑니다. 기하학이 발전한 곳은 나일 강의 범람이 있는 이집트였습니다.

이집트의 기하학은 그리스로 건너갑니다. 생각하기를 좋아하는 민족인 그리스 인들은 이집트의 기하학을 바탕으로 엄청난 수학적 발전을 이끌어 냅니다. '피타고라스의 정리'처럼 오늘날 수학 시간에 배우는 수많은 수학적 개념들이 이 시기에 나옵니다.

그리스는 기하학을 바탕으로 철학적 사고를 키웁니다. 어떤 원리를 이끌어 내는 '증명'이라는 방법도 만듭니다. 이런 것을 집대성한 책이 유클리드의 『원론』입니다. 당시 그리스에서 기하학은 왕이 꼭 배워야 하는 중요한 통치 학문이었습니다. 이런 원칙은 이집트에서 온 것입니다. 이집트의 관리들은 강

의 범람으로 경계가 없어진 토지의 소유권 분쟁을 해결해야 했습니다. 분수도 빵을 공평하게 나눠 주려고 만들었다고 합니다.

유클리드의 『원론』은 중세 때까지 성경 다음으로 많이 발간된 책이었으며 하느님의 존재만큼이나 절대적인 진리로 받아들여졌습니다. 20세기에 상대성 이론이 나오기 전까지 말이죠. 예를 들면 유클리드 기하학의 세계에서 삼각형의 내각의 합은 180도입니다. 하지만 이것은 평면일 때만 성립하는 명제입니다. 지구는 구입니다. 지구 위에서 거대한 삼각형을 펼쳤다고 가정했을 때도 내각의 합은 180도일까요? 구면에 펼쳐진 삼각형의 내각의 합은 180도가 넘습니다.

## 요리하는 유인원

불이 인류를 똑똑하게 만든 일등 공신이라는 주장도 있습니다. 보통은 인류가 똑똑해진 이유가 직립 보행을 하면서 자유로워진 두 손으로 도구를 만들어 썼기 때문이라고 설명합니다. 그러나 미국 하버드대 인류학(인류의 진화 과정과 사회 생활을 연구하는 학문) 교수인 리처드 랭엄은 원숭이나 고양이도 손을 사용한다고 지적합니다. 도구 사용 역시 인간만의 것은 아니라는 주장이에요. 우리가 익히 알고 있듯이 침팬지 같은 영장류는 물론, 포유류에 견줘 지능이 떨어진다는 조류도 도구를 사용합니다. 우리가 잘 아는 이솝 우화에도 까마귀가 유리병 바닥에 고인 물을 먹으려고 돌을 집어넣는 이야기가 나옵니다. 실제로 까치는 나뭇가지에 개구리나 벌레 같은 먹이를 끼워 두고 나중에 먹기도 합니다.

아프리카에서 침팬지를 연구하던 랭엄 교수는 손과 도구를 쓰는 영장류인 침팬지와 인간의 본질적인 차이를 연구합니다. 그리고 불에 주목합니다. 불은 인간의 소화 능력을 키워 줍니다. 날것으로 먹으면 소화하는 데 오랜 시간이 걸립니다. 소를 예로 봅시다. 소는 위(胃)가 무려 네 개나 됩니다. 생풀을 먹는 소는 한 번에 소화를 못 시키기 때문에 위장에 있는 내용물을 다시 불러 되새김까지 합니다. 당연히 장도 길어집니다. 초식 동물이 몸집이 커지는 것은 이런 이유입니다. 이것이 '고비용 조직(높은 에너지를 쓰는 기관) 가설'입니다. 소의 위가 대표적인 고비용 조직인 것이죠.

　반면 인간은 불을 발견하면서는 음식을 구워 먹거나 삶아 먹습니다. 소화와 흡수가 이전에 비해 빨라지지요. 짧은 시간에 높은 영양을 섭취할 수 있게됩니다. 다른 동물에 비해 효율 높은 영양 섭취는 인간에게 또 다른 선물을줍니다. 바로 신체 구조가 바뀌기 시작합니다. 소화에 써야 할 많은 시간과에너지가 줄어들면서 소화기 중심의 신체 구조를 가진 다른 동물과 달리 뇌중심의 신체 구조로 바뀌는 것이죠. 인간의 입이 작은 것도 그런 이유입니다.불로 조리하면 더 많은 영양분을 흡수할 수 있으니 많이 먹을 필요가 없어진거지요.

　랭엄 교수는 인간의 입 크기를 가진 동물은 몸무게 1.5킬로그램의 하늘다람쥐 정도이고 인간보다 몸집이 작은 침팬지도 훨씬 큰 입을 가지고 있다고지적합니다. 소처럼 무조건 많이 먹는 것이 아니라 효율적으로 먹을 수 있게됐다는 것입니다. 그러면서 남은 에너지가 뇌의 발달 쪽으로 쓰입니다. 결론적으로 불이 인간의 뇌를 발달시키는 데 동력을 제공했다는 주장이에요. 그는 『요리 본능』의 머리말에서 이런 인상적인 말을 합니다. "우리 인류는 불로요리하는 유인원이며, 불의 피조물이다." 불이, 그리고 요리가 인간을 자유롭게 했다는 뜻입니다.

## 불을 얻은 제우스, 신들의 왕이 되다

제우스는 그리스 신들 가운데 으뜸입니다. 로마 신화에서는 주피터라고 합니다. 제우스가 신들의 왕이 된 것은 거인족 아버지인 크로노스와 싸워서 이겼기 때문이죠. 크로노스는 헤스티아, 데메테르, 헤라, 하데스, 포세이돈, 제우스 이렇게 모두 여섯 명의 자식을 두었습니다. 제우스는 막내였죠. 그런데 크로노스는 자기 자식에게 왕권을 빼앗긴다는 예언('신탁'이라고도 합니다) 때문에 태어난 아이들을 차례로 삼켜 버립니다. 이는 많은 예술가에게 영감을 주었는데 특히 스페인 화가 고야의 그림 〈자식을 삼키는 크로노스〉는 섬뜩한 광기가 느껴집니다. 물론 이는 역사적 사실이 아닙니다. 옛날 사람들의 상상력의 산물이라고 해야겠죠.

신화학자들은 크로노스가 '시간'을 의미한다고 봅니다. 시간이 흐르면서 모든 사물은 소멸해 갑니다. 이걸 자식마저 집어삼키는 끔찍한 식성에 비유한 것으로 해석합니다. 실제로 크로노스는 시간과 관련한 낱말, '크로니클'(chronicle, 연대기)의 어원이기도 해요.

자, 그럼 제우스는 어떻게 살아남았을까요? 크로노스의 아내였던 레아는 어머니 가

이아의 조언을 받아 막내 제우스를 빼돌리고 대신에 기저귀에 감싼 돌을 삼키게 합니다. 덕분에 살아남은 제우스는 청년이 되어 예언처럼 크로노스를 물리치게 되죠. 제우스는 몰래 크로노스에게 약을 먹여 그동안 잡아먹은 누이와 형을 토하게 합니다. 제우스를 포함한 여섯 남매는 올림포스 산으로 도망을 쳤고 크로노스는 자식들에게 복수하고자 거인족들을 불러 모읍니다. 여섯 남매는 거인족과 전쟁을 벌이게 되는데 이 과정에서 외눈박이 키클롭스의 도움을 받게 돼요. 키클롭스가 만들어 준 천둥과 번개를 가지고 전쟁에서 승리하지요. 키클롭스 덕분에 제우스는 번개를 치는 신, 구름을 모으는 신으로 최고 신의 자리에 오릅니다. 불은 인간뿐 아니라 신에게도 중요했던 것이죠.

키클롭스는 눈이 하나인 거인으로 대지의 여신인 가이아의 자식이었습니다. 하지만 흉측한 모습 때문에 아버지 우라노스에 의해 지하 세계로 추방당했습니다. 여기서 꺼내 준 사람이 바로 제우스이지요. 키클롭스는 시칠리아 화산 밑 작업장에서 대장장이신인 헤파이스토스와 함께 신들의 도구를 만들었습니다.

헤파이스토스는 로마에서는 불카누스로 불렸습니다. 원래는 화산을 뜻하는 소아시아의 신이었는데 그리스로 오면서 대장장이 신으로 추대된 것으로 추측합니다. 불카누스의 이름은 화산을 뜻하는 'volcano'가 됩니다. 기관총인 발칸포(vulcan cannon)도 여기서 온 것입니다.


## 손쉬운 익힘 요리, 달걀 삶기

불은 요리의 핵심입니다. 불을 얼마나 잘 다루느냐에 따라 요리는 달라집니다. 이른바 '불 맛'이라는 게 있습니다. 불을 어떻게 쓰느냐에 따라 같은 재료라도 맛이 달라진다는 뜻입니다. 대표적인 게 중국식 볶음밥입니다. 볶음밥은 강한 불에 빨리 볶아 살짝 불 맛이 나게 해야 합니다. 밥을 팬 안에서 이리저리 옮기며 볶다가 공중으로 휙 하고 날리죠. 그래서 중국 요리에 쓰는 프라이팬인 '웍'은 안이 깊고 둥글게 파여 있습니다.

'불 맛'나는 요리의 정점은 숯불 바비큐죠. 그 감칠맛의 비결은 빨갛게 열을 내는 숯에 있습니다. 적당한 열로 겉은 바삭하게 태우고 속은 촉촉하게 해 주기 때문이죠. 고기든 야채든 숯불 위에 올려놓으면 아주 맛있게 구워집니다. 어쩌면 늘 바비큐를 먹었던 원시인들은 현대인보다 더 미식가였을 겁니다.

불이 세야 좋은 맛을 내는 것은 아닙니다. 낮은 온도에서 더 맛을 내는 요리도 있습니다. 밥을 뜸들일 때, 생선을 속까지 깊이 구울 때, 군만두에 멋진 그릴 자국을 내면서 쫄깃하게 익힐 때도 불을 낮춰야 합니다. 쇠는 뜨거울 때 두드리라고 하지만 요리는 다릅니다. 은근하게 기다릴 때도 있어야 하는 겁니다.

우리가 평소 불 맛을 느낄 수 있는 요리는 무엇이 있을까요? 생선구이, 구운 야채, 구운 과일(과일도 구우면 맛있어집니다!) 등 다양한 요리가 있겠지만, 청소년들이 손쉽게 만들 수 있는 요리라면 더욱 좋겠지요. 그래서 달걀 삶기와 이를 응용한 요리를 골라 봤습니다.

### 달걀과 '반숙 우동'

재료는 달걀 한 알과 가게에서 파는 즉석 우동입니다. 이것만으로도 훌륭한 요리가 완성돼요.

재료(1인분): 계란 1개, 즉석 우동 면 1개, 소금 반 티스푼, 식초 반 큰술 , 참기름, 간장, 쪽파, 가다랑어 포, 깨.

1. 먼저, 달걀을 삶습니다. 작은 냄비에 물을 달걀이 완전히 잠길 정도로 붓습니다. 소금을 티스푼으로 반 스푼, 식초를 큰술로 반 스푼을 넣습니다. 소금을 넣는 이유는 계란이 터지지 않게 하기 위한 것입니다. 달걀뿐 아니라 다른 재료를 삶거나 데칠 때는 약간의 소금을 넣어야 합니다. 식초는 껍질이 잘 벗겨지라고 넣는 것입니다.

2. 불에 올리고 9분 30초쯤 지나면 달걀을 꺼내세요. 노른자가 완전히 익지 않아서 탱글탱글한 상태일 겁니다. 참고로 9분 30초는 물에 달걀을 넣는 순간부터 잰 시간입니다. 달걀이 다섯 개 이상이면 물을 1리터 이상 넣어 10분 30초쯤 끓여야 합니다. 샐러드

나 샌드위치에 넣을 때는 완숙을 해야겠지요. 완숙은 12분 정도 걸립니다.

3. 이제 익은 달걀을 꺼내 껍질을 벗깁니다. 이때 껍질과 흰자가 잘 안 떼어질 수 있어요. 삶은 달걀에 살짝 금을 내서 찬물에 3분가량 담가 두면 껍질이 잘 벗겨져요.

4. 반숙 달걀 준비가 끝났나요? 그럼 냄비에 우동을 끓입니다. 보글보글 끓여 건져낸 우동에 달걀 반숙 노른자를 풀고 참기름과 간장 한 술을 넣어 비비세요. 쪽파를 살짝 썰어 넣거나 가다랑어 포, 깨를 뿌려 먹어도 맛이 좋습니다.


**수란과 '수란 떡면'**

　달걀 요리에 자신이 붙었다면 수란(水卵)에 도전해 보세요. 수란은 달걀 요리 가운데서도 상당한 기술이 요구됩니다. 여기선 쉬운 방법을 알려 드리죠.

재료(1인분): 달걀 1개, 라면 스프, 삶은 떡.

1. 우선 물을 끓인 다음 달걀 한 개를 깨서 국자 위에 올려놓습니다. 흰자가 눌어붙지 않도록 국자 안쪽에는 미리 페이퍼 타월에 기름을 묻혀 발라 줍니다.

2. 그다음 끓는 물 위에 국자를 대고 살살 익히다가(6~7분이면 흰자가 다 익습니다) 흰자가 어느 정도 익었다고 생각되면, 국자를 끓는 물 속에 완전히 담급니다. 그 상태에서 2~3분을 더 익힌 다음 꺼내면 '초간단 수란' 완성입니다.

3. 라면 국물에 삶은 떡과 수란을 올려놓으면 완전히 새로운 스타일의 라면이 탄생합니다. 지금까지 맛본 적 없는 새로운 라면, 이름하여 '면 없는 라면, 수란 떡면'입니다.

# 2. 손-인간을 만물의 영장으로 만든 또 하나의 뇌

"손은 우리가 눈으로 볼 수 있는 뇌다."

—임마누엘 칸트

인간이 불을 공깃돌 다루듯이 자유자재로 다룰 수 있었던 것은 다름 아닌 손 덕분입니다. 나무와 나무, 혹은 돌과 돌을 부딪쳐 불씨를 얻을 수 있는 것은 손으로 쥐고서 강하게 마찰시킬 수 있었기 때문입니다.

손은 기능적으로 완벽합니다. 인간은 자신의 생각을 손을 사용해 글로 써서 표현합니다. 이 세상에 인간 이외에 글을 쓰는 동물은 없습니다. 인간이 문자를 발명할 수 있었던 것은 뛰어난 뇌와 자유자재로 움직이는 손 때문입니다.

## 인간의 엄지손가락

손은 기능적으로 완벽할 뿐만 아니라 외형적으로도 아름답습니다. 예컨대 어떤 전지전능한 신이 물건을 쥐기 위해 그 어떤 형태의 도구를 만든다 해도 인간의 손처럼 멋지지는 않을 것 같아요. 피아노를 치는 친구의 손이나 맛있는 저녁을 요리하는 어머니의 손을 자세히 들여다보세요. 정말 놀랍지 않습니까? 마치 어떤 광채가 흘러나오는 것 같지 않나요?

인간의 손에서 핵심은 엄지입니다. 기계 공학적인 관점에서 봐도 엄지는 아주 매력적인 발명품입니다. 간단한 실험을 해 볼까요? 엄지를 제외한 네 개의 손가락으로 물건을 한번 집어 보세요. 생각보다 잘 안 잡히지요? 고정점이 없기 때문입니다. 운 좋게 잡는다고 해도 그 상태로는 움직일 수 없습니다. 금세 떨어지고 말아요. 엄지는 물건을 든 네 손가락의 힘을 뒷받침하거나 통제하는 역할을 합니다. 비유하자면 그물을 끌어당길 때 잡는 두툼한 그물줄과 같다고나 할까요?

대부분의 동물들은 엄지가 발달해 있지 않습니다. 특히 초원에서 뛰어다니는 동물에게 엄지는 사치라고 할 수 있어요. 필요가 없습니다. 발굽이 통으로 붙어 있을수록 이동에 유리하지요. 돼지나 소나 말이 그렇습니다.

초식 동물을 잡아먹는 육식 동물도 마찬가지입니다. 네 발가락이 통으로 붙어 있지만 엄지는 퇴화해 발끝에 겨우 달려 있어요. 집에서 고양이나 개를 키운다면 한번 엄지를 찾아보세요. 구별하기가 쉽지 않을 겁니다.

인간을 빼고 엄지가 발달한 또 다른 동물은 침팬지, 고릴라 같은 영장류입니다. 이들은 인간처럼 무언가를 쥐거나 잡을 일이 많습니다. 나무를 타야 하니까요. 나무 열매나 새순을 따려면 엄지의 역할이 반드시 필요했을 겁니다.

영장류는 처음엔 나무 위에서 생활했습니다. 나무 아래는 먹이를 노리는 맹수가 득시글거렸을 테니까요. 그러다 일부 영장류가 어떤 계기를 통해 땅으로 내려갑니다. 처음에는 나무와 땅 사이를 왔다갔다하면서 생활했겠지요. 마치 다람쥐처럼 말입니다. 그러다 점점 땅에서 생활하는 시간이 많아지고 마침내 두 발로 걷는 직립 보행을 하게 됩니다. 두 발로 걷게 되면서 앞다리는 팔로 진화합니다. 땅을 박차고 달리는 것보다 무언가를 잡고 쥐는 일에 쓰이는 일이 점점 많아졌겠죠. 결국 엄지가 오늘날처럼 발달합니다. 여러분 손과 발을 한번 보세요. 발은 손처럼 정교하게 움직이지 못합니다. 무엇을 잡고 쥐기보다는 우리 체중을 지탱하면서 이동하기 적합하게 진화된 것이니까요.

## 앵무새의 뇌

손의 발달은 뇌의 발달을 가져옵니다. "예술가들은 왼손잡이가 많다"라는 말이 있죠. 르네상스 시대의 천재 예술가 레오나르도 다빈치도 왼손잡이였습니다. 그래서 왼손으로 글씨를 써서 거울에 비추어서 읽는 거울 문자를 쓰기도 했다고 해요.

손을 통제하는 것은 뇌입니다. 왼손은 오른쪽 뇌에서 통제하죠. 신체의 좌우 방향과 통제하는 뇌의 방향은 반대입니다. 예를 들어 오른쪽 팔과 다리를 관장하는 것은 왼쪽 뇌이고 그 반대는 오른쪽 뇌입니다. 각 부분의 신경이 엑

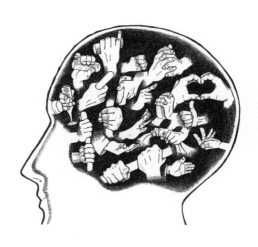

스 자로 교차하면서 뇌로 올라가기 때문입니다.

인간의 뇌는 위에서 내려다보았을 때 좌측과 우측으로 나누어져 있습니다. 양쪽은 뇌량이라는 신경 다발로 연결되어 있지요. 좌뇌는 주로 숫자와 언어 같은 이성적 기능을, 우뇌는 운동과 감각을 관장합니다. 따라서 왼손잡이가 예술적이라는 얘기는 이들이 왼손을 주로 쓰니 우뇌의 기능 즉 운동이나 음악적 재능이 좋을 거라는 말입니다. 손을 자주 사용하면 뇌의 기능도 좋아진다는 전제가 깔린 것이지요.

앵무새를 보면 더 쉽게 이해가 갑니다. 잘 아시겠지만 앵무새는 사람의 말을 잘 따라 합니다. 성대의 구조가 인간과 비슷하기 때문인데요. 중요한 사실은 앵무새가 단순히 말만 따라 하는 게 아니라 그 뜻도 이해한다는 점입니다. 학자들은 앵무새가 다섯 살짜리 아이의 지능을 가지고 있다고 봅니다. 우리가 흔히 머리 나쁜 사람을 비하해서 사용하는 '새대가리'라는 말은 사실이 아닌 셈이죠.

세계에서 가장 똑똑한 앵무새로 알려진 미국의 알렉스는 50개의 단어를 사용해 "땅콩 줘." "이게 뭐야." 같은 문장을 썼다고 해요. 심지어 간단한 덧셈도 했다고 합니다. 이 앵무새가 2007년 31살의 나이로 죽었을 때 〈뉴욕 타임스〉가 '똑똑한 앵무새 세상을 떠나다'라고 부고 기사를 낼 정도였습니다. 알렉스는 죽기 전에 주인에게 "사랑해. 착하게 살아"라고 유언까지 남겼다고 합니다.

이처럼 지능이 높은 앵무새는 조류로서는 특이하게 뇌에 주름이 많습니다. 뇌의 주름이 많은 동물은 포유류, 그중에서도 원숭이, 돌고래, 인간 정도라고 합니다. 앵무새는 왜 뇌에 주름이 많을까요? 과학자들은 특이한 엄지발가락을 이유로 꼽습니다. 앵무새는 일반적인 새와 다르게 엄지의 기능을 하는 발가락이 두 개입니다. 네 개의 발가락 중 반이 엄지인 것이죠. 엄지가 두 개인 앵무새는 물건을 잘 잡을 수 있을 뿐만 아니라 도구로 사용하기도 합니다. 앵무새 중에는 자전거를 타거나 쇠막대기로 재주를 피우는 녀석들도 제법 있습니다. 과학자들은 엄지발가락을 쓰면서 앵무새가 다른 조류에 견줘 뇌가 잘 발달하게 됐다고 추측합니다. 앵무새가 엄지발가락을 쓰게 된 것은 인간이 최초로 손을 썼을 때처럼 생존을 위한 선택이었을 겁니다. 덕분에 인간처럼 우월한 뇌를 가지게 돼 생존에 유리해지게 된 것이죠.

호기심과 관찰로 획득한 불이 인간에게 새로운 세계를 보여 줬다면, 손은 인간에게 생각과 기술로 그 새로운 세계에 도전하게 합니다. 인간은 그렇게 자기 존재를 변화·발전시켜 왔습니다. 인간의 손은 앵무새는 물론 같은 영장류인 원숭이에 비해서도 훨씬 정교합니다. 그만큼 많은 활동이 가능합니다. 글씨를 쓰고 악기를 연주하죠. 자동차, 컴퓨터, 스마트폰 같은 기계를 다룹니다. 주변을 둘러보세요. 지하철을 탈 때도 길을 갈 때도 인간의 손은 한시도 쉴 때가 없습니다.

## 도구를 든 인간

인간의 손은 도구의 발명을 가져옵니다. 날카로운 발톱과 튼튼한 발바닥을 잃은 인간은 이를 대신할 칼과 창을 만들지요. 처음에는 돌을 깨고 갈아서 도구를 만들었습니다. 이른바 석기 시대입니다. 인간이 돌을 깨서 사용했던 흔적은 250만 년 전으로 올라가요. 거의 인류의 역사와 같이합니다. 나무에서 내려온 인간은 돌로 칼과 창을 만듭니다. 그걸로 사냥을 하고 땅을 일구지요.

인간의 도구는 불의 발견으로 급속히 발전합니다. 돌 대신 구리나 철 같은 금속을 사용할 수 있게 되지요. 돌 안에 섞인 금속을 녹여 각종 도구를 만듭니다. 처음에는 녹는 점이 낮은 구리를 쓰다가 나중에는 좀 더 단단한 철을 발견해서 쓰게 됩니다. 청동기 문명과 철기 문명으로 이어지는 것이지요. 특히 철은 돌이나 구리보다 강도가 뛰어나 강력한 무기가 됩니다. 한때 맹수와 추위에 떨던 인간은 이제 지구 생명들의 최종 포식자가 되어 제 몸보다 몇 배나 큰 매머드는 물론, 먼바다로 나가 고래까지 사냥합니다.

나무에서 열매를 따 먹고 살던 유인원들이 땅 위로 내려오면서, 걷기 시작했고 더불어 손을 쓰기 시작했습니다. 인간은 자유로워진 손을 사용해서 도구를 만들었으며 지능을 더욱 발달시켜 갔습니다. 한 손에는 불을, 다른 한 손에는 도구를 든 인간은 더 이상 연약한 동물이 아니었습니다. 지구에서 인간을 위협할 수 있는 동물은 이제 자기 자신밖에 없습니다.

# 중학생의 뇌는 파충류의 뇌?

중학생 시기는 사춘기가 시작되는 때입니다. 몸은 하루가 다르게 자라고 기분은 왠지 싱숭생숭합니다. 시도 때도 없이 잠이 옵니다. 이유도 없이 반항을 하거나 감정적으로 행동할 때가 많아져요. 중요한 건 그 사실을 정작 자기는 모른다는 겁니다. 물어보면 "그냥"이란 답변만 합니다. 부모님들은 이런 아이들의 변화를 보고 고민에 빠집니다. 예전엔 안 그랬는데 중학생이 되면서 변했다고 하소연합니다. 어른들이 보기에 중학생 나이의 아이들은 게으르고 충동적이에요. 왜일까요?

저도 10대 때 그랬습니다. 제 친구들도 마찬가지였지요. 오죽하면 어른들은 공부도 열심히 하고 말도 잘 듣는 이상적인 10대(일명 '엄친아')를 만들기까지 할까요.

10대를 일컬어 '질풍노도의 시기'라고 합니다. 스스로 제어가 안 되는 시기죠. 이는 인간의 뇌 발달과도 관련이 있습니다. 뇌 과학자들은 청소년기는 뇌의 변화가 극적으로 일어나는 시기라고 말합니다. 호흡, 심장 박동, 체온 조절 등을 담당하는 뇌간과 감정, 분노, 의욕 등에 관여하는 뇌의 심층부(변연계)가 활성화되는 반면, 이를 조절하는 대뇌 전전두엽의 발달이 미숙해서 일어나는 결과라는 것입니다.

뇌간은 생존에 필요한 신체 기능을 담당하는 부분으로 일명 '파충류의 뇌'라고 불리기도 합니다. 그래서 이성적으로 자기를 통제하지 못하는 10대를 두고 '파충류의 뇌' 때문이라며 농담 삼아 이야기하기도 합니다. 오죽하면 파충류까지 끌어들일까요. 그만큼 어른들의 걱정이 많다는 이야기입니다.

하지만 누구나 사춘기를 겪습니다. 걱정하는 어른들도 다 그 시기를 지나온 것입니다. 즉, 충동적이고 반항적인 시기를 거쳐야만 이성적이고 합리적인 어른이 된다는 뜻입니다. '파충류의 뇌'를 가지게 되는 건 누구 개인의 잘못이 아닙니다. 오히려 인간이 사회생활을 하는 데 꼭 필요하기 때문에 그렇게 진화한 것입니다.

뇌과학자들의 연구에 의하면 인간의 뇌 발달에는 결정적 시기가 있다고 합니다. 0~3세의 유아기가 바로 그렇습니다. 엄마 뱃속에서 태어난 아기는 소리, 모양, 냄새, 촉감 등 다양한 감각을 통해 주변 세계를 탐색합니다. 엄마와 아빠의 얼굴을 구별하고 자기 몸을 이해하게 되지요. 시간이 지나면서 말을 배워 자기 욕구를 전달하고 상대방의 의도를 알게 됩니다. 그러면서 사회관계를 익히게 되지요. 뇌의 기본적인 구조들이 형성되는 시기입니다.

그다음으로 중요한 것이 바로 신체의 변화가 급격히 일어나는 청소년기입니다. 개인 차가 있지만 10대 중반이 되면 신체적인 변화가 급격하게 일어납니다. 갑자기 10~20센티미터씩 키가 자랍니다. 남학생은 거뭇거뭇 수염이 자라고 여학생의 몸은 출산을 위한 준비를 하게 되지요. 2차 성징이 나타납니다. 어른과 비슷한 체형으로 자라나는 것입니다. 이때 대뇌 피질도 본격적으로 커집니다. 이곳은 인간의 이성과 판단을 주관하는 곳입니다. 그러나 유감스럽게도 대뇌 피질은 금방 자라지 않습니다. 20살 정도가 될 때까지 조금씩 발달합니다. 몸은 빨리 크는데 뇌는 천천히 자라는 것이지요. 이런 발달의 속도 차이가 바로 '질풍노도의 시기'를 낳는 것입니다. 몸은 어른이지만 판단력은 아직 미숙한 상태, 비유하자면 10대 청소년 뇌는 늘 '공사 중'인 겁니다. 몸과 뇌의 부조화로 늘 스트레스 상태가 됩니다. 그래서 잠이 쏟아집니다. 잠을 많이 자야 키가 큰다는 말은 틀린 말이 아닙니다.

왜 인간은 이렇게 불편한 사춘기를 거치도록 진화한 것일까요? 한 번에 성장하면 안되는 것일까요? 어쩌면 인간의 진화가 아직 불완전하다는 뜻일까요? 그렇지 않습니다. 청소년기의 무모하고 철없는 행동에는 이유가 있습니다. 바로 '독립의 시기'이기 때문입니다.

문화 인류학자들은 선사 시대 때부터 인류는 10대가 되면 공동체로부터 독립을 요구받았다고 보고 있습니다. 이러한 '독립'은 한 사람의 성인으로 존중한다는 의미도 있지만 한편, 죽음의 위협으로 가득한 야생으로의 추방을 의미했습니다. 미성숙한 청소년은 독립을 강요하는 성인들에 맞서 또래 집단과 함께 죽기 살기로 도전하는 것이 불가피했을 것입니다. 그리고 청소년들은 그 도전을 즐기지 않으면 안 됐습니다. 그 도전에서 살아남아야 독립을 하고 사랑을 쟁취할 수 있으니까요. 청소년의 앞뒤 안 가리는 충동적이고 모험적인 뇌는 그 도전에 가장 최적화된 것이란 것입니다. 따라서 청소년 뇌는 '파충류의 뇌'가 아니라 뭐든 될 수 있는 '가능성의 뇌'라고 봐야 합니다.

## 우동, 간편하게 즐기는 일본의 손맛

요리는 '손맛'이라고 합니다. 같은 김치찌개를 해도 어떤 사람이 하느냐에 따라 맛이 확 달라지니까요. 그런데 사실 '손맛'은 '요리 과학'에 가깝습니다. 우선 훌륭한 요리를 선보이려면 좋은 재료를 고르는 안목이 있어야 해요. 언제 양념을 넣고 언제 불을 조절해야 하는지 요리 순서도 두루 꿰고 있어야 합니다. 재료에 따라 적당한 조리법을 파악하고 있어야 하죠. 그리고 훌륭한 '손맛'의 마무리! 바로 모양을 예쁘게 꾸밀 줄 알아야 합니다. 이건 '눈맛'이라고 해야 할까요?

"예쁜 떡이 먹기도 좋다"고 하죠. 모양이 좋으면 식감도 좋습니다. 훌륭한 요리사라면 이 부분도 간과할 수 없습니다. 가령 파를 봅시다. 5센티미터의 파를 어떤 사람은 5등분 해서 씁니다. 어떤 사람은 50등분 이상 얇게 씁니다. 물론 스테이크를 종잇장처럼 얇게 써는 사람은 없겠지만 자기 나름의 스타일이 필요합니다.

손맛이 가장 중요한 음식은 면입니다. 밀가루는 곡식 가운데 특이하게도 단백질 성분인 글루텐을 함유하고 있습니다. 밀가루는 치대면 치댈수록 쫄깃해집니다. 이런 특성을 가장 잘 이용한 음식은 일본의 우동입니다.

우동은 일본의 칼을 닮았습니다. 수천 번 담금질해서 만드는 일본의 칼은 장인 정신을 그대로 보여 줍니다. 우동도 마찬가지입니다. 일본 사람들은 우동을 손이 아니라 발로 만듭니다. 반죽을 천으로 싸서 발로 밟는 것이죠. 이 정도면 손맛이 아니라 '발맛'이라고나 할까요?

저는 하늘하늘한 우리나라의 안동식 칼국수도 좋아하지만 후루룩 소리와 함께 면이 목구멍을 때리듯 타고 넘어가는 일본식 우동도 좋아합니다. 특히 뜨거운 것보다 차가운 우동이 맛있습니다. 요즘에는 탱탱한 면발의 우동을 취급하는 집이 제법 있습니다. 일본 유학파들이 차린 우동집도 많이 생기고 있고요.

집에서도 간단하게 일본식 우동을 즐길 수가 있습니다.

재료(1인분): 냉동면이나 생면 1개, 우동 국물.

1. 대형 상점에 가면 면발이 굵은 냉동면이나 생면을 팝니다. 냉동면은 3분가량, 생면은 10분 이상을 삶아야 합니다.

2. 국물은 시판용 우동 국물을 사면 됩니다. 뜨거운 것보다 차갑게 먹는 게 조미료 맛이 덜 느껴져 좀 더 맛있습니다. 여기에 약간의 파를 넣고 깨와 고추냉이를 살짝 넣어 먹어도 맛있습니다.

# 3. 물 - 우리는 모두 물에서 왔다

"지구(地球)는 차라리 수구(水球)라고 표현하는 것이 맞다.
태양계의 행성과 위성 가운데 오직 지구만이
액체로인 물이 존재하기 때문이다."

─스티븐 솔로몬 『물의 세계사』

우리는 그동안 손과 불 덕분에 발달한 인간의 뇌가 문명을 만드는 기초가 되었다는 사실을 알게 되었습니다. 이번에는 생명의 기원이라는 다소 본질적인 질문에 대해서 다뤄 보려고 합니다. 도대체 우리가 먹는 음식들은 어디서부터 온 것일까요? 우리가 먹는 음식은 대부분 생명에서부터 옵니다. 우리가 먹는 것 가운데 생명이 아닌 것은 없습니다. 그렇다면 생명은 어디서 왔을까요? 나는 어디에서 왔을까요?

## 물의 별, 지구

먼저 우리 인간을 생각해 봅시다. 인간은 어디서 왔을까요? 최초의 인간은 350만 년 전 유인원에서 갈라진 것으로 추측됩니다. 그렇다면 유인원은 어디서 왔을까요? 포유류·파충류·양서류 등 척추동물은 어류에서 진화한 것으로 여겨집니다. 물고기의 지느러미와 인간의 팔다리 구조가 닮았습니다. 포유류인 고래의 지느러미를 생각하면 이해가 빠를 겁니다. 포유류와 어류의 눈을 구성하는 단백질이 동일합니다. 한 갈래에서 온 것이 분명합니다.

척추동물인 어류는 바다의 무척추동물에서 시작됐습니다. 포유류·조류·파충류·양서류·어류를 제외한 모든 동물을 무척추동물이라고 합니다. 전체 생물의 97퍼센트를 차지합니다. 무척추동물은 다세포로 이뤄진 바다의 원핵 생물이 시초라고 생각됩니다. 그렇습니다. 우리 생명은 물에서 왔습니다. 정확하게 말한다면 바다에서 온 것입니다.

지금까지 인류는 태양계는 물론 은하계의 많은 별들을 발견하고 관측했지만 생명체를 발견하지 못했습니다. 생명체가 존재하려면 물이 있어야 합니다. 그러나 지금까지 알려진 별 중 액체 상태의 물과 생명체가 존재하는 별은 지구밖에 없었습니다.[2] 지구의 푸른빛은 물이 태양 광선에 반사되면서 만드는 물빛입니다. 지구는 물의 별이고 생명의 별인 셈입니다.

물은 생명의 필요조건입니다. 물이 없다면 생명은 생겨나지 않습니다. 온도, 영양분, 빛 등은 물처럼 꼭 필요한 조건이 아닌 충분조건일 뿐입니다. 어쨌든 물이 있으면 생명체가 있을 가능성이 높은 것이지요. 우주 과학자들이 외계 생명체를 탐사할 때 물의 존재 가능성을 먼저 확인하는 이유입니다.

물이 지구에 만들어진 것은 태양으로부터의 알맞은 거리 때문입니다. 금성처럼 태양과 가까워 너무 뜨겁지도 화성처럼 태양과 멀어서 너무 차갑지도 않은 것입니다. 지구의 절묘한 위치 때문에 풍부한 물이 존재할 수 있는 것입

---

2 목성의 위성 중 하나인 유로파는 두터운 얼음층 밑에 물이 존재한다는 것이 확인된 바 있습니다. 또한 〈사이언스 데일리〉 등은 2013년 10월 케임브리지대 연구팀이 지구에서 100만 광년 떨어진 소행성에서 물을 품은 소행성을 발견했다고 보도한 바 있습니다. 그러나 이러한 물이 지구처럼 생명이 번성하기에 충분한 조건인지는 확인되지 않았습니다.

니다. 그렇다면 물은 어떻게 생겨났을까요? 물의 역사를 알려면 137억 년 우주의 역사를 거슬러 올라가야 합니다.

## 바다의 탄생

137억 년 전 땅콩만 한 점이 폭발하면서 순식간에 우주가 만들어집니다. 이른바 '빅뱅 이론'인데 우주가 지금도 사방으로 팽창한다는 사실이 증명되면서, 우주 탄생과 관련한 정설로 통합니다.

우주가 탄생하면서 수많은 입자들이 쏟아져 나왔습니다. 30만 년이 흐른 뒤 일부 입자들이 뭉쳐지면서 원소를 만들기 시작합니다. 여러분도 알고 있을 거예요, 여러 가지 원소 가운데 가장 가벼운 물질이 수소라는 것을. 양성자 하나, 중성자 하나, 전자 하나로 단출하게 이뤄진 수소는 우주 물질의 70

퍼센트를 차지하고 있죠. 빅뱅 이후 쏟아져 나온 물질들이 가장 만들기 쉬운 원자가 수소인 것입니다. 그런데 수소는 폭발성이 있어요. 수소를 연료로 하는 자동차나 비행기가 만들어지는 것도 이런 이유입니다. 수소는 서로 융합하면서 엄청난 에너지를 내놓습니다. 수소끼리 결합하면 양성자가 두 개인 헬륨이 되는데요. 이런 핵융합 과정을 끊임없이 반복하는 것이 바로 태양입니다.

태양은 약 50억 년 전 거대 초신성[3]이 폭발하면서 생긴 잔해에서 생겼다고 여겨집니다. 거대한 성운이 자체 중력으로 압축되면서 그 안에 있던 수소와 헬륨 가스가 태양을 형성했다는 것입니다. 남은 부분들은 원시 태양계의 행성들을 이루게 됩니다. 그중에는 철과 니켈 등의 광물로 된 지구와 같은 별이 있는가 하면 수소와 같은 기체 덩어리로 이뤄진 목성 같은 별도 있습니다.

우주에 쏘아 올린 거대 망원경인 허블을 통해 우리는 그런 사실을 추측할 수 있게 되었습니다. 다른 은하계에서 일어나는 태양의 탄생 과정을 영상으로 보여 주었기 때문이에요. 에드윈 허블(1889~1953)은 영국의 옥스퍼드 대학 출신의 변호사였지만 천문학에 대한 관심 때문에 천문학자의 길을 걸은 괴짜입니다. 그는 별을 관찰하다가 은하계도 진화한다는 점을 발견했고 이 은하가 해가 갈수록 우리에게 멀어지고 있다는 점을 발견합니다. 그래서 우주가 한 점에서 출발했다는 빅뱅 이론의 토대를 제공했습니다. 우주 반사 망원경에 왜 '허블'이라는 이름을 붙였는지 알겠죠?

허블 우주 망원경은 1990년 디스커버리호에 처음 실려 우주로 발사된 이후 우주를 바라보는 인류의 창이 되었습니다. 허블 우주 망원경은 지구에서 3만

---

3 별의 진화 마지막 단계. 별의 생성 후 질량이 점점 커지다가 초신성에 이르러 결국 폭발을 일으키며 사라지게 된다.

광년 떨어진 오리온성운에서 태양계가 만들어지는 모습을 생생하게 보여 주었습니다. 특히 태양을 둘러싼 검은 먼지들이 인상적이었는데 태어나기 전 지구도 아마 그런 먼지 중 하나였을 것입니다.

초신성 잔해에 불과했던 지구가 하나의 별로 만들어질 즈음, 지구는 지금의 금성과 같은 불덩어리였습니다. 그러다가 지구 내부의 지각 변동이 벌어지면서 이산화탄소와 수소로 가득한 원시 대기가 만들어졌습니다. 그리고 뜨거운 증기로 가득 찬 원시 대기가 냉각되면서 물이 만들어집니다. 오늘날 바다의 조상이자 모든 생명체의 근원인 '원시 바다'[4]가 생긴 것입니다. 만약 수성이나 금성이었다면 수증기가 되어 날아갔겠지만 다행히도 지구는 태양과 절묘한 거리 덕분에 원시 바다가 남아 있을 수 있었습니다.

바다의 생성과 관련해 다른 이론도 있습니다. 물을 가진 혜성이나 소행성이 지구와 충돌하면서 바다를 만들었다는 이론입니다. 일부 소행성이나 혜성의 원소 구성 비율이 지구 바닷물의 그것과 일치한다는 것이 그 근거입니다.

## 생명이 흐르는 물

지구에는 이런 과정을 거쳐 다른 태양계 행성에서 볼 수 없는 액체 상태의 물이 즉, 바다가 생겼습니다. 그리고 거기서 생명체가 태어나지요. 이 생명체들은 광합성을 통해 산소를 뿜어냈습니다. 대기로 올라간 산소들이 오존층을 만들면서 안정적인 대기를 만들고 그 속에서 생명체들이 무럭무럭 자라난 것입니다. 우리 인간도 그중 하나이며 우리가 먹는 음식 대부분이 이 생명들에서 유래했습니다.

---

4 150도 정도의 고온, 대기 중 염소 가스의 영향으로 강한 산성이었으리라고 짐작되는 생성 초기의 바다.

그렇다면 원시 바다는 왜 생명체를 품었을까요? 이는 특이하게 생긴 물의 분자 구조 때문입니다. 물 분자($H_2O$)는 수소 원자(H) 두 개에 산소 원자(O) 한 개가 결합해 있습니다. 수소의 특성은 폭발이라고 했습니다. 그렇다면 수소 원자가 두 개인 물 분자는 왜 폭발하지 않고 차분하게 액체 상태로 탱글탱글하게 맺혀 있을까요? 심지어 물로 불을 끄기까지 하잖아요!

물 분자는 산소 원자와 수소 원자가 104.5도 각도로 결합한 굽은형 구조입니다. 입체로 보면 삼각뿔 모양이죠. 하나의 산소는 음전하를, 두 개의 수소는 양전하의 극성을 가집니다. 이런 구조적 특징은 다른 물 분자와 쉽게 결합하게 합니다. 물이 끊임없이 흘러가는 이유입니다.

원래 물 분자의 질량은 공기보다 가볍기 때문에 다른 분자와 결합하지 않으면 공기 중으로 날아갑니다. 서로의 응집력에 의존해 액체 상태로 존재하고 있는 것입니다. 만약 물 분자가 뻣뻣한 일자형(180도)이었다면 물은 결합력이 약해 드라이아이스처럼 날아가 버렸을 겁니다. 그러면 지구에는 물이라는 것이 아예 존재하지 않았겠죠.

물은 대기 중으로 증발된 이후에도 강력한 수소 결합으로 분자 상태를 유지합니다. 그래서 다시 모여서 비가 되어 대지에 내려옵니다. 이런 순환 과정을 통해 물은 수십억 년 동안 지구에서 생명의 요람 역할을 한 것입니다.

우리 몸의 70퍼센트는 물로 이루어져 있습니다. 조직 구성이 단순한 생물일수록 물의 구성 비율이 높습니다. 단세포 동물은 몸의 90퍼센트 이상이 물입니다. 우리는 어머니의 배 속 양수에서 9개월을 지내다가 밖으로 나옵니다.

늘 아래로 겸손하게 흐르는 물은 그 안에 생명을 잉태합니다. 대지를 떠나 공중으로 흩어지지만 때가 되면 다시 생명의 비가 되어 내려옵니다. 겸손과 지혜를 갖춘 물은 그래서 최고의 선으로 여겨지기도 했습니다. 자연으로 돌아가자고 주창했던 노자가 '상선약수'(上善若水) 즉, 가장 좋은 것은 물이라고 한 것도 이런 이유 때문입니다.

## 음양수와 오존 살균 생수, 건강에 좋은 물 마시기

　요즘 수돗물을 그냥 마시는 사람은 드뭅니다. 끓이거나 정수를 해서 마시죠. 혹은 생수를 사서 마시기도 합니다. 마실 물이 없어 걱정하는 사람은 별로 없죠. 그러나 지구상에는 안전하고 깨끗한 물을 마시지 못하는 사람이 수두룩합니다. 오염된 물을 마셔 각종 질병에 노출된 사람들도 많죠. 구호물자로 정수기를 보내는 이유입니다. 식수가 부족한 사람들을 돕기 위한 휴대용 정수기는 즉석에서 물을 걸러 마실 수 있게 합니다. 여기에는 보통 활성탄이 들어가는데요, 바로 숯으로 만든 것입니다. 숯의 미세한 구멍들이 물에 있는 부유물들을 흡착하는 겁니다. 다행히도 우리나라는 깨끗한 물을 쉽게 구할 수 있는 자연환경을 갖고 있습니다.

　『동의보감』에는 병을 치료하거나 건강을 유지하는 데 도움이 되는 물이 서른세 가지나 된다고 하는데요. 그중 하나가 지금 말씀드릴 음양수(陰陽水)입니다. 음양수는 뜨거운 물에 찬물을 반반 섞은 겁니다. 소화가 안 될 때 마시면 효능이 있다고 해요. 찬물은 몸에 좋지 않습니다. 많이 마시면 위나 장이 위축되고 배탈이 날 수도 있습니다. 찬물 대신 미지근한 물을 마셔야 건강에 좋다는 조상들의 충고가 아닌가 싶어요.

　무심코 사서 마시는 생수도 좋은 물을 골라 마시는 게 좋습니다. 어떤 생수가 좋은 물이냐고요? 생수를 살 때는 오존 살균이 되지 않은 물을 사는 것이 좋습니다. 보통 파는 생수는 오존으로 살균 처리를 합니다. 문제는 이 과정에서 발암 가능 물질인 브롬산염이 나올 수 있다는 겁니다. 100퍼센트 나온다고 장담할 수는 없지만 기왕 사 먹는 거 안전한 물이 더 좋지 않을까요? 상품명에 'natural mineral water'라고 쓰여 있으면 물리적 처리만 한 생수입니다. 그런데 'natural'이 빠진 그냥 'mineral water'라면 오존 살균 처리했을 가능성이 있어요. 기업에서는 오존 살균 처리가 안전하다고 하지만 뒤집어서 말하면 오존 살균을 해야 할 만큼 균이 많았다는 뜻일 수도 있지 않을까요? 설령 안전하다고 해도 알고 마시는 것과 모르고 마시는 것은 차이가 큽니다.

뜨거운 물　　차가운 물

음양수는 반드시
뜨거운 물 반을 먼저 담고
그 위에 차가운 물을 섞어
곧바로 마십니다.

미지근한 물

# 4. 식물 - 지구를 생명의 별로 만들다

"식물은 땅에 붙박인 채 온몸을 드러낸 상태에서 살아남기 위해 위대한
화학자가 되었다. 그들은 흙과 물과 돌과 바람과 빛으로 스스로를 만들고,
나아가 흙을 모든 동물들이 생명을 의존하는 음식으로 변형시킨다.
　　　　　　　　　　　　　　　　　　　　　　　　—헤럴드 맥기『음식과 요리』

　생명은 물에서 태어났습니다. 최초의 생명체는 미약하고 보잘것없었습니
다. 단세포 생물이었고 세포막도 존재하지 않는 흐물흐물한 존재였을 것으로
추측됩니다. 이런 존재가 어떻게 장미처럼 아름다운, 그리고 인간처럼 지혜
로운 생명체로 진화했을까요? 아니면 정말 신이라도 존재하는 걸까요?

　인간을 비롯한 지구 상의 동물 대부분은 식물에 빚을 지고 있습니다. 식
물은 인간보다 훨씬 오랜 세월을 지구에서 살아왔습니다. 생존을 위한 의지
도 그 어떤 생명체보다 치열했지요. 식물의 이런 의지는 지구를 우주에서 유
일한 생명의 별로 만들었습니다. 나중에 생겨난 동물과 인간이 그 덕을 본 것
이지요. 찰스 다윈은 생물의 역사를 원숭이와 새 같은 고등 생물로만 설명했
지만, 진짜 생명의 역사는 눈으로 보이지 않는 최초의 식물들이 상당 부분을
써 내려간 것입니다.

## 원시 대기와 생명

　40억 년 전에 지구에 최초로 생명체가 태어납니다. 그 과정은 다음과 같습
니다.

당시 지구는 화산 활동과 번개, 태양의 자외선에 노출되어 있었습니다. 이 때 원시 대기에 가해진 전기적 자극이 원시 바다에 단백질과 핵산을 만들게 되죠. '코아세르베이트'라는 물질인데 여기서 최초의 생명체인 단세포 생물이 생겼다고 학자들은 추측합니다.

소련의 생화학자인 알렉산드로 오파린이 1923년 최초로 제안한 가설입니다. 원시 대기 속 전기적 충격으로 생명체가 만들어졌다는 오파린의 멋진 가설은 30년 후 미국의 한 대학원생에 의해 증명됩니다. 시카고대 대학원생이던 스탠리 밀러는 1953년 실험실에다 플라스크와 시험관을 이용해 원시 지구를 재연합니다. 플라스크에 메탄과 암모니아 등을 넣고 전기 방전을 일으키고 그 아래 소금물을 놓은 것이죠. 실험 결과, 단백질이 합성되면서 오파린의 가설이 타당성을 얻게 됩니다. 코아세르베이트는 외부 물질을 받아들이고 내부 물질을 내보내거나 일정 크기 이상이 되면 둘로 나뉘는 등 생명체의 특성을 보이지만 아직은 생명체라고 할 수 있는 상태는 아닙니다.

그렇다면 이 반(半)생명체는 어떤 과정을 거쳐 생명체로 진화했을까요? 아직 답은 분명치 않습니다. 코아세르베이트가 좀 더 뜨거운 상태에 있을 경우 세포막이 생겨나는 것까지는 실험으로 증명됐습니다.

하지만 그 이상은 과학자들도 알지 못합니다. 분명한 것은 원시 바다에서 단세포 동물이 살고 있었다는 사실입니다. 당시 지구의 대기는 자외선을 제대로 차단하지 못했습니다. 오존층이 아직 형성되어 있지 않았기 때문인데요. 대기에 노출된 단세포 동물은 금세 죽음을 맞게 되었습니다. 그래서 태양광을 피해 깊은 바다 밑으로 숨어들었죠. 물이 방어막 역할을 한 것이죠.

그런데 태양을 피하지 않은 일부 생명체가 있었습니다. 이들은 스스로 자외선을 이겨내는 방법을 택합니다. 바로 광합성입니다. 당시 지구의 대기에는 이산화탄소가 풍부했습니다. 이산화탄소는 무언가가 연소하면서 나오는 성분입니다. 지구 내부에서 발생한 이산화탄소가 활발한 지각 변동으로 대기로 뿜어져 나온 것입니다. 이 밖에도 대기 중에는 태양풍으로 우주에서 날아온 수소와 헬륨이 넘쳐났죠.

## 태양광과 식물

단세포 생물인 박테리아에서 진화한 남조류는 바로 이 이산화탄소를 이용합니다. 이산화탄소에 함유된 탄소를 수소와 결합시켜 포도당을 만들죠. 이 기능을 하는 것이 바로 식물의 특징인 엽록체입니다. 엽록체라는 공장을 돌리는 에너지원은 바로 햇빛입니다. 다른 생명체들이 강렬한 햇빛(자외선)을 피해 바다로 숨은 사이 이걸 자기의 에너지원으로 삼은 겁니다. 생명의 힘은 이토록 놀랍습니다.

태양 광선은 지금도 공짜였듯이 그때도 공짜였습니다. 게다가 당시 지구는 대기가 엷었기 때문에 지금보다 태양광은 훨씬 강했을 겁니다. 햇빛과 물 그리고 이산화탄소만 있다면 식물은 다른 생명체의 목숨을 빼앗는 포식 행위 없이 생존할 수 있습니다. 게다가 다른 생명체를 키울 수 있는 깨끗한 산소를 내놓습니다.

최고의 고등 동물이라는 인간이 본받아야 할 점입니다. 인간은 자연을 착취합니다. 심지어 같은 인간까지도 이용하죠. 최근까지 인간은 노예의 노동력에 의존했습니다. 기계를 돌리려고 화석 연료를 쓰면서 지구의 대기를 오염시켰습니다. 도시 문명을 유지하는 데 드는 엄청난 자원은 곧 쓰레기가 되어 자연에 버려집니다. 종국에는 지구를 파멸시킬 수 있는 물질인 핵(核)으로 전기를, 무기를 만들어 씁니다.

　그러나 식물은 다릅니다. 스스로의 생존이 다른 생명체의 생존을 돕습니다. 지구에 지천인 이산화탄소를 몸 안에서 쪼개서 포도당을 만들고 깨끗한 산소를 배출합니다. 식물이 만든 포도당은 초식 동물의 에너지원이 되고 산소는 지구에 생명체들이 폭발적으로 늘어나는 직접적인 계기가 됩니다. 산소들은 성층권으로 올라가서 오존으로 변합니다. 오존층은 지구 생명체의 저승사자 역할을 해 온 강력한 자외선을 막아 줍니다. 식물들은 지구에서 생명이 자랄 수 있는 토대입니다. 지구가 오늘날과 같은 모양새를 갖추게 된 것은 전적으로 이들 식물의 덕분이에요.

　광합성으로 지구를 생명의 별로 만든 남조류 화석은 지금도 발견되고 있습니다. 스트로마톨라이트라는 것이 바로 그것인데요. 남조류 위에 퇴적물 입자들이 쌓여 형성된 퇴적 구조를 말합니다. 수억 년을 걸쳐 형성된 이 암석은 남조류가 광합성을 하면서 만든 양분과 바닷가의 물질이 쌓이면서 만들어진 것입니다. 과학자들은 거기서 최초의 식물인 남조류를 찾아냈죠. 특히 오스트레일리아의 샤크 베이에 있는 스트로마톨라이트는 지금도 계속 생성되고 있다고 합니다.

## 동물의 출현

식물의 위대함은 여기에 그치지 않습니다. 모든 식물들의 어머니격인 남조류는 자기 몸속에 에너지 공장을 가지면서 독특한 번식법을 만들게 됐습니다. 자기 복제가 가능한 DNA 사슬을 가지게 된 것입니다. 어렵게 만들어 놓은 에너지 공장을 후손에게 고스란히 물려주고 싶어서였을까요? 이 작은 세균은(남조류는 단세포 미생물이라는 의미에서 '남조 세균'이라고도 합니다) 엽록체와 DNA 두 가지를 자기 몸속에 가지게 됩니다. 이는 다세포 생물로 진화하는 데 기초가 됩니다.

남조류처럼 미세한 생명체를 연구할 수 있게 된 배경에는 전자 현미경의 발견이 있습니다. 덕분에 생물 계통도를 거대한 나무에 비유했을 때 인간은 거기 매달린 나뭇잎 하나만도 못하다는 사실이 밝혀졌습니다. 진화의 몸체는 남조류 같은 미생물이 만드는 겁니다.

이제 육지 동물이 나올 차례군요. 약 5억 년 전 캄브리아 대폭발이라 불리는 사건을 통해 지구 상에는 다양한 종류의 동물들이 급작스럽게 출현합니다. 그중 일부는 약 4억 년 전 데본기 때 원시 바다에 살다가 육지로 올라오게 됩니다. 바로 익티오스테가라는 양서류였습니다. 생긴 것은 물고기와 비슷해 지느러미가 있었고 물고기와 달리 허파가 있었습니다. 이로써 수많은 동물들이 바다에서 육지로 삶의 터전을 옮겨 오게 됩니다. 지상은 이제 생명체들이 살기에 적합하게 변해 있었습니다. 오랜 시간 이어 온 식물들의 노력 덕분에 가능했던 일입니다. 결국 인간을 비롯한 동물들은 식물들에 빚을 지고 있는 것입니다.

발길에 채는 잡초들에게도 고마워할 일입니다. "연탄재 함부로 차지 마라. 너는 누구에게 한 번이라도 뜨거운 사람이었느냐"는 안도현 님의 시 구절을 "들풀 함부로 차지 마라. 너는 누구에게 한 번이라도 생명을 열어 준 적 있었느냐"로 슬쩍 바꿔 볼 만합니다.

# 향신료로 사용하는 허브 이야기

저는 집에서 허브를 키워요. 허브는 향기가 좋고 향신료로도 쓸 수 있어 여러모로 쓰임새가 있습니다. 키우기도 쉽지요. 매일 조금씩 뜯어먹어도 곧 새 가지가 자라는 놀라운 생명력을 보여 줍니다. 특히 민트류는 경탄할 정도예요. 제가 가장 좋아하는 것은 바질과 애플민트예요. 그럼 제가 아는 허브에 대한 정보를 몇 가지 나눠 드리죠.

**로즈메리:** 잘 키우면 오래오래 나무로 자라는 매력이 있어요. 로즈메리는 향이 아주 강해요. 그래서 로즈메리는 향신료로 쓰입니다. 닭고기나 돼지고기를 구울 때 뿌리면 좋아요. 마늘이나 토마토 같은 야채를 오븐에 구울 때도 함께 넣으면 아주 맛있죠. 딸기 같이 '-베리'가 붙는 과일과도 궁합이 좋습니다. 물론 딸기에는 애플민트가 더 잘 어울립니다.

**바질:** 우리나라의 파라고 생각하면 돼요. 쓰임새가 많아요. 거의 모든 요리에 들어가죠. 정통 이탈리아식 피자를 만드는 집에 가면 피자 위에 올려져 나오는 바질 잎을 볼 수 있습니다. 식물성이나 동물성 어떤 요리와도 궁합이 좋아요.

**애플민트:** 저는 '막내'라고 불러요. 잎이 작고 귀엽고 향기도 앙증맞기 때문입니다. 생명력이 강한데 어느 정도 컸을 때 성장점을 잘라 주면 덩굴처럼 무성해집니다. 작은 화분을 거의 정글처럼 만드는데 그것마저 귀엽습니다. 디저트에 아주 강점이 있어요. 아이스크림·과자·과일에 조금씩만 넣어도 근사해져요. 요구르트에도 잘 어울리고 사이다 같은 음료에 넣어 먹어도 맛있죠. 장식 효과도 뛰어납니다.

**민트:** 애플민트의 형이라고 생각하면 돼요. 해물 샐러드나 바삭바삭한 튀김 요리에 뿌려 먹으면 맛있어요. 우리말로 '박하'라 불리는 민트는 향기가 청량하기 때문에 우울하거나 스트레스를 받을 때 민트와 함께 아몬드를 넣고 샐러드를 만들어 먹으면 기분이 좋아집니다. 케이크나 아이스크림에도 잘 어울립니다.

## 미역, 생명의 신비를 먹자

미역은 남조류의 후예입니다. 단세포였던 남조류가 다세포 식물인 미역과 같은 조류(藻類)로 진화한 것이죠. 미역처럼 바다에서 자라는 조류를 해조류(海藻類)라고 합니다. 미역은 요오드와 칼슘이 풍부해 예로부터 산모들의 산후 조리 식품으로 애용했죠. 생명을 낳은 어머니들이 생명의 기원이었던 남조류의 자식뻘 식물을 먹고 기운을 차린 셈이지요. 구하기도 쉽습니다. 우리 바다에서 다시마와 함께 흔하게 볼 수 있는 식물이니까요.

미역 요리는 간단하면서 맛도 좋아 저도 즐겨 해 먹습니다. 아무것도 넣지 않고 물에 미역만 넣어 끓여도 맛나요. 미역 특유의 간간하면서 심심한 맛이 있거든요. 밋밋하다 싶으면 소고기나 북어를 넣고 끓이면 됩니다. 자, 그럼 영양 만점, 생명 충만, 미역국을 한번 끓여 볼까요.

재료(1인분): 마른 미역 한 움큼, 참기름, 마늘, 국간장, 소금.

1. 우선 미역을 물에 넣고 불려요. 여름철은 30분이면 충분해요. 마른 미역은 정말 폭풍처럼 불기 때문에 양 조절을 잘해야 합니다. 1인분이라면 한 움큼 정도로 충분합니다. 미역이 잘 불었으면 건져서 물기를 뺍니다. 그리고 먹기 좋게 줄기를 가위로 잘라 줍니다.

2. 이제 냄비에 미역을 볶을 차례예요. 중불로 냄비를 달굽니다. 거기에 참기름을 한 큰술 넣고 미역을 볶죠. 저는 편으로 썬 마늘을 넣습니다. 기호에 따라 미역을 볶지 않고 그냥 넣어서 끓이기도 해요. 취향에 따라 해 드시면 됩니다.

3. 고소한 냄새가 주방을 진동하면 냄비에 물을 부을 차례입니다. 500시시(cc) 조금 안 되게 물을 붓고 국간장을 넣습니다. 간을 보고 넣어야 하는데 고기나 북어 없이 미역만으로 국을 끓이는 경우라면 한 큰술가량 넣는 것이 좋습니다. 간이 안 맞으면 나중에 소금간을 하거나, 짜지면 물을 더 붓습니다.

4. 보글보글 끓이면 미역국 완성! 밍밍하게 끓여서 들깨를 넣어 먹어도 맛있습니다. 만약 북어나 소고기를 넣겠다면 미리 살짝 볶아 놓았다가 함께 끓이면 됩니다. 미역국을 완성했다면 이제 다른 국도 어려운 일이 아닙니다. 북엇국, 소고깃국, 다들 방식이 똑같거든요.

# 2장

## 고대, 정착과 문명은
## 어떻게 시작되었나?

# 5. 곡식 – 문명과 전쟁을 낳다

> 나는 늘 기적에 대한 말을 들어 왔다. 하지만 나에게 기적은 일상이다.
> 밀알 한 알갱이에는 대지 전체에 양분이 될 모든 에너지가 들어 있다.
> 그것이 바로 기적이다.
>
> ―피에르 라비

　문명 이전, 불과 돌도끼 같은 도구로 무장한 인간에게 하나 부족한 것이 있었으니 바로 식량입니다. 여전히 수렵과 채집에 의존하고 있었기에 먹을 것을 찾아 이동을 거듭해야 했습니다. 그 과정에서 인간은 전 세계로 퍼져 나갔죠. 아프리카에서 시작해 전 대륙으로 흩어지게 됐습니다. 비참한 비유지만, 마치 얼룩말이나 소떼들이 풀을 찾아 이동하듯이 말입니다. 아마도 당시의 인간은 수렵으로 배를 채운 직후를 빼고는 늘 허기져 있었을 겁니다. 배가 고프니 다른 생각을 할 여유도 없었겠지요.

## 농업 혁명

　인간은 언제 배고픔에서 벗어나게 되었을까요? 바로 농경 생활을 하면서부터입니다. 구석기 시대의 창과 활 대신 신석기 시대의 괭이와 호미로 농업을 하면서 배고픔에서 벗어나게 됩니다. 학자들은 인류가 곡식보다 육류를 먼저 주식으로 삼았을 것으로 추측합니다. 벼와 밀 같은 농작물보다 가축을 먼저 키웠을 거라는 거예요. 나무에서 내려온 인간의 주식은 열매나 곡식이 아니라 고기였습니다. 따라서 농사는 인간이 훨씬 더 나중에 깨우친 일이었을 겁니다.

학자들이 추측하는 농사의 과정은 이렇습니다. 기원전 9000년쯤 수렵을 하면서 몇몇 유순한 동물들을 길들이게 됐습니다. 바로 개와 양 그리고 돼지였습니다. 인간이 가장 먼저 길들이게 된 동물은 양으로 추정됩니다. 유순했고 털과 고기뿐 아니라 젖까지 쓸 수 있었으니까요. 별도로 먹이를 주지 않아도 됐습니다. 양은 지천으로 널린 풀을 먹고 쑥쑥 자랐기 때문입니다.

인간은 양과 함께 정착 생활을 합니다. 새로운 시대가 열린 것이죠. 하지만 본격적인 정착은 아니었습니다. 근거리라 해도 양을 치면서 이리저리 이동해야 하니까요. 이렇게 풀을 찾다가 인간은 식물의 씨앗이 자라서 열매를 맺는다는 사실을 깨닫게 됩니다. 인간이 먹을 수 있는 곡식을 선별해서 재배하는 방법을 익히기까지 아마 수많은 시간이 필요했을 겁니다. 관찰과 실험 끝에

얻은 지혜였겠죠. 이런 지혜는 가축들 덕분에 꽃을 피웁니다. 양들이 무성한 풀을 먹어 치우면서 농사를 지을 수 있는 땅들이 마련된 것입니다. 여기에 곡식이나 야채의 씨앗을 뿌리고 키우기 시작합니다. 비로소 농경이 시작된 것입니다.

인간이 본격적으로 키운 곡식은 수수, 보리, 밀로 추측됩니다. 이들은 적은 물과 쌀쌀한 기온에서도 잘 자라는 작물이었기 때문입니다. 역사학자들은 이를 '농업 혁명'이라고 부릅니다.

인간이 보리나 밀 같은 곡식을 키우기까지는 시행착오를 거듭했던 것이 분명합니다. 곡식을 키우는 일은 생각보다 복잡합니다. 우리가 먹는 밥의 재료인 벼를 볼까요? 벼는 싹을 틔우고 자라서 이삭이 생기고 이를 추수하기까지 적어도 3개월 이상이 걸립니다. 여기에 수확한 낟알의 껍질을 까는 도정 작업을 거쳐야 밥으로 먹을 수 있습니다. 또한 벼는 물이 많이 필요한 작물입니다. 상시로 물을 댈 수로가 필요하다는 뜻이죠.

한자로 쌀 미(米)자가 '사람 손이 88(八十八)번 간다'는 뜻이라는 해석이 나올 정도입니다. 밀은 더 복잡합니다. 밀은 배유(배젖)가 단단한 데다가 씨눈이 큽니다. 거기다 점성이 강해 가루를 내어서 먹어야 했습니다. 그런데 딱딱하니까 가루를 내기가 쉽지 않습니다. 아무리 절구에 넣어 빻고 동물의 힘으로 방아를 돌려도 곱게 갈리지 않았습니다.

인간은 18세기 증기 기관이 발명되고 나서야 그나마 밀가루를 낼 수 있었습니다. 오늘처럼 고운 밀가루가 나오기 시작한 것은 1800년대 여러 대의 롤러로 밀을 제분하는 방식이 발명되면서부터입니다. 하얀 밀가루에 대한 열망으로 염소 표백을 하기도 했습니다. 하얗고 고운 밀가루를 완성하는 것은 산업 혁명 이후에나 가능했던 것이죠.

생각보다 복잡하죠? 하지만 인간이 농경법 자체를 깨닫는 데 걸린 시간에 비하면 그야말로 "새 발의 피"에 지나지 않습니다. 그럼 지금부터 농경 사회로 가는 인간의 기나긴 여행을 재연해 보도록 합시다.

## 씨앗의 발견

먹을 것을 찾아 여기저기 헤매고 다니던 한 원시인. 어느 날 그는 야생 밀을 발견합니다. 낟알을 씹어 보니 먹을 만합니다. 원시인은 주변에 자란 야생 곡식의 낟알을 걷어 옵니다. 이 원시인은 곡식이 고기만큼이나 포만감을 준다는 것을 알게 됩니다. 며칠 동안 짐승을 쫓아다닐 필요가 없어진 것이죠. 원시인은 그 사실을 부족 구성원들에게 알립니다. 그들은 사방으로 비슷한 곡식을 찾으러 나섭니다. 운이 좋아 근방에서 대규모 야생 밀밭을 발견합니다. 부족은 이동을 멈추고 야생 밀을 수확하기로 합니다. 고기와는 색다른 맛에 모두 만족합니다. 불이 있는 부족이었다면 굽거나 물과 함께 끓여 먹었을 수도 있습니다.

　원시인은 남은 곡식을 담거나 끓일 요량으로 그릇을 만듭니다. 바로 토기의 등장입니다. 불에 구워진 진흙이 단단해진다는 것을 발견한 영민한 원시인이 그릇을 만들기 시작했을 것입니다. 곡식이 생긴 이후 비로소 여러 가지 살림살이가 만들어지는 것이죠.

　야생 밀을 모두 먹어 치운 원시인 부족은 또다시 곡식과 사냥감을 찾아 나섭니다. 그러던 어느 날 원시인의 눈앞에 기적 같은 일이 생깁니다. 우연히 돌아온 야생 밀밭에서 다시 예전과 똑같은 곡식이 자라고 있는 겁니다. 사라지지 않고 그 자리에 계속 남아 있는 밀을 보며 원시인은 생각합니다. 그리고 결국 '씨앗'의 존재를 알게 되지요. 인류 최초로 씨앗의 비밀을 알게 된 이 원시인이야말로 '농업의 아버지'인 셈입니다. 이 사실을 인간 모두가 알게 되기까지 아마도 수천, 수만 년이 걸렸을 수도 있습니다. 입에서 입을 통해 전해졌겠지요.

　씨앗의 비밀을 깨닫는 과정과 관련해서 좀 더 '원초적인' 가설도 있습니다. 원시인들이 이 비밀을 알게 된 장소는 바로 '화장실'이라는 것입니다. 화장실에서 머리를 싸매고 고민하다가 알았느냐고요? 아뇨. 원시인들은 자기가 배설한 바로 그 자리에서 자라는 곡식의 싹을 발견합니다. 자세히 보니 그 싹은 자신들을 배부르게 해 줬던 쌀이나 밀의 것이라는 것도 알게 되죠. 어떻게 된 일일까요? 소화가 되지 않은 낟알이 배설물 사이에서 싹을 틔운 겁니다. 인간의 배설물은 최고의 거름이니까요. 실제로 원시 시대 유적에서 이런 가설을 입증할 증거가 발견되면서 화장실이 농경법의 인큐베이터였다는 주장이 설득력을 얻고 있습니다.

　인간이 키우기 전까지 곡식들은 자신의 종자를 땅에 떨어뜨려 번식해 왔습

니다. 민들레가 바람에 씨앗을 퍼트리듯이 밀과 쌀도 이삭이 패면 일부를 땅에 떨어뜨려 종족을 보존해 온 것이죠. 하지만 인간의 손에 곡식의 씨앗이 들어오면서 상황이 달라집니다. 곡식은 더 이상 씨앗을 땅에 떨어뜨릴 수가 없게 돼요. 스스로 번식할 수가 없게 된 것입니다. 대신 인간의 손에 의해 심겨지고 자라게 됩니다. 곡식과 인간이 서로에게 삶을 의존하게 된 것이죠.

　인간은 농사를 지으면서 많은 것을 얻게 됩니다. 포식자의 눈을 피해 들판을 뛰어다닐 필요가 없어졌지요. 밥과 빵은 물론 술도 만들어 먹을 수 있게 되었습니다. 인간에게 탄수화물이라는 영양분을 안정적으로 공급해 준 '농업 혁명'은 비로소 인간에게 배부름이 무엇인지를 알게 해 주었습니다. 그 포만감은 육체에 뿐 아니라 정신에도 큰 영향을 미쳤습니다.

## 문명의 발전

농업은 인간에게 종교나 철학 같은 형이상학이라는 정신세계를 활짝 열어
주었습니다. 한곳에 정착하면서 태양과 달을 관찰해 달력이 생겼고 1년의 의
미를 알게 됐습니다. 계절과 시간의 변화는 사실 동물도 알고 있습니다. 때가
되면 철새들도 정해진 방향으로 한 치의 흐트러짐도 없이 떠나지 않습니까?
하지만 인간은 한 단계 더 나갑니다. 계절의 변화에서 신의 존재를 느끼고 신
화를 만들어요. 태양이 떠 있는 낮만큼이나 많은 이야기들이 수많은 별들이
빛나는 밤하늘을 무대로 펼쳐집니다.

한곳에 정착하면서 계절과 시간의 변화를 감지하게 된 인간은 씨를 뿌려야
할 때와 수확할 때를 알게 됩니다. 인간은 씨앗을 뿌리면서 풍성한 수확을 기
원하고 추수를 하면서 신께 감사를 표합니다. 종교가 탄생하는 순간입니다.

인간은 지역마다 신앙 행위와 함께 문화를 가지게 됩니다. 문화를 뜻하는 영어 'culture'는 농사를 뜻하는 라틴 어 'cul'에서 파생한 것입니다.

농업의 발전은 도구의 발전을 가져옵니다. 씨앗을 심으려면 땅을 파야 합니다. 수확을 하려면 낫이나 칼처럼 날카로운 도구로 베어야겠죠. 좀 더 단단한 도구가 있었으면 하는 생각을 했을 겁니다. 돌이 아닌 금속에 대한 갈망이 생기면서 청동기와 철기 문명이 열리게 됩니다. 단단한 금속 농기구를 사용한 부족은 생산력이 좋아져 훨씬 많은 수확을 거둡니다. 그뿐만 아니라 무기를 만들어 다른 부족이 수확한 곡식을 빼앗아 오는 것도 가능해집니다. 이때부터 인간에 의한 인간의 착취가 본격화됩니다.

이전에는 다른 인간을 노예로 삼을 필요가 없었습니다. 사냥을 할 때 일손은 충분했습니다. 사냥감을 나눠 먹어야 할 노예를 부릴 이유가 없었죠. 하지만 농사에는 많은 노동력이 듭니다. 노예를 부리면 더 많은 식량을 얻을 수가 있었지요. 생산력이 뛰어난 부족은 금속 무기로 무장해 이웃 부족을 정복했습니다. 좀 더 많은 식량을 얻으려면 땅과 노동력이 필요했기 때문입니다. 정복 전쟁으로 세력을 키운 부족은 점점 강성해지고 그렇지 못한 부족은 노예가 됩니다. 지배자와 피지배자가 생겨나면서 고대 국가의 기틀이 마련됩니다.

고대 국가는 철기 문명을 바탕으로 세워집니다. 이 시기 유럽에는 로마 제국이 있었고 중국은 춘추 전국 시대였습니다. 우리나라는 고조선이 들어섰을 때입니다. 수많은 원시 부족으로 이루어졌던 인류 사회가 국가라는 강력하고 거대한 조직으로 나뉘는 것입니다.

모든 인류가 철기 문명을 누렸던 것은 아닙니다. 남부 아프리카와 아메리카, 오세아니아 대륙은 16세기까지 청동기 혹은 석기 시대였습니다. 그리고 1500년 후 그들은 날카로운 검으로 무장한 백인들에게 정복당합니다.

우리가 늘 먹던 쌀과 밀에는 이렇게 고대 국가를 만드는 놀라운 힘이 있었습니다. 그 국가의 틀은 2000~3000년이 지난 지금까지도 그대로 이어 오고 있습니다.

## 신화로 보는 농업의 기원

수십만 년에 걸쳐 인간의 집단 지성이 이룬 농업 혁명은 신의 축복으로 여겨졌습니다. 봄에 싹이 나고 여름에 열매가 맺히고 가을에 수확하는 이 모든 과정이 신이 만든 자연의 섭리라고 생각했던 것이지요. 신화는 농경 사회 인간의 사고를 엿볼 수 있는 훌륭한 재료입니다. 그리스 신화를 통해 서양인들의 생각을 한번 엿볼까요?

그리스 신화에서 농업의 신은 데메테르입니다. 풀과 나무, 과일과 곡물을 주관하는 풍요의 여신입니다. 그리스 어로 데메테르는 땅이란 단어에서 파생됐습니다. 로마 어로는 '케레스'(Ceres)로 영어로 곡식을 뜻하는 단어 '시리얼'(cereal)이 여기서 나옵니다. 녹색 옷을 몸에 두른 데메테르는 세계 각지의 논과 밭에 씨앗을 뿌리며 축복을 나눠 주었습니다.

제우스의 누나였던 데메테르는 제우스와의 사이에서 딸 페르세포네를 낳았습니다 (신화의 세계에서 근친과의 결혼은 흔한 일입니다. 인간의 윤리로 판단하면 안 돼요. 그들은 신이니까요!) 저승을 관장하는 제우스의 형 하데스 역시 데메테르를 사랑했지만 그녀가 마음을 받아주지 않아 상심하고 있었습니다. 그러던 중 데메테르의 딸 페르세포네가 호숫가에서 꽃을 꺾으며 노는 모습에 반해 하데스는 땅을 가르고 나와 그녀를 납치합니다.

딸을 찾아 방방곡곡을 떠돌던 데메테르는 요정들로부터 딸의 행방을 듣게 됩니다. 데메테르는 그 길로 신의 왕인 제우스를 찾아갔지만 그는 노총각인 형 하데스를 생각해 데메테르의 청을 거절합니다. 데메테르는 이에 항의하는 뜻으로 자신의 일을 포기해 버리죠. 지상의 나무와 풀은 말라붙고 땅은 불모지가 돼 버렸습니다. 일이 이렇게 되자 세상을 다스리는 제우스로서는 데메테르의 요구를 안 들어줄 수가 없었습니다. 대신 제우스는 전령인 헤르메스를 보내 하데스에게 한 가지 꾀를 줍니다. 지하 세계(저승)의 음식을 먹으면 다시는 지상으로 나갈 수 없다는 점을 이용해 페르세포네를 지하에 잡아 두라고 한 것입니다.

하데스는 제우스의 계책대로 합니다. 식음을 전폐하고 울고 있던 페르세포네에게 지상으로 보내 줄 테니 저승의 석류를 먹으라고 건네줍니다. 그 말에 페르세포네는 하데스가 건네준 석류를 먹고 맙니다. 뒤늦게 데메테르가 지하 세계에 내려와 페르세포네를 데려가려 하지만, 지하 세계의 음식을 먹은 그녀는 지상으로 갈 수가 없었습니다. 데메테르는 상심했습니다. 이에 제우스는 데메테르와 하데스를 설득해 일종의 타협안을 내놓습니다. 그래서 1년 중 4개월은 지하 세계에서 지내고 나머지 기간은 땅 위에서 어머니와 함께 지내게 되지요.

농업의 신 데메테르의 딸인 페르세포네는 곡식을 의미합니다. 지하 세계에 있는 4개월은 농작물이 자라지 않는 추운 겨울을 의미하겠지요. 이 신화는 봄-여름-가을-겨울로 이어지는 사계절을 농사의 관점에서 바라본 이야기입니다.

계절이 바뀌는 이유는 지구가 태양 주변을 공전하기 때문입니다. 16세기 코페르니쿠스가 지동설을 내놓기 전까지 인간은 이 사실을 알지 못했습니다. 자연의 경이로움은 그저 신의 조화(造化)였죠.

동양에서 농업의 신은 남성이었습니다. 우리나라 단군 신화에는 바람과 비를 다스리는 남성이 등장합니다. 단군의 아버지인 환웅이 하늘에서 땅으로 내려올 때 이 사람과 함께 오지요. 바람과 비는 날씨입니다. 농사에서 가장 중요한 요건이지요. 이는 고조선이 농업을 기반으로 한 나라라는 뜻입니다.

중국에는 전설적인 임금인 삼황오제 이야기가 있습니다. 삼황 중 하나인 수인씨는 불을 만들어 요리하는 법을 알려 줍니다. 복희씨는 도구를 사용해 물고기를 잡거나 사냥하는 법을 알려 주죠. 신농씨는 쟁기를 만들어 인간에게 농사를 가르칩니다. 여기에는 불의 발견-수렵과 채집-농사로 이어지는 인류의 역사가 고스란히 담겨 있습니다.

문헌에 따라 약간의 차이가 있습니다만 신농씨는 소의 얼굴을 한 반인반수로 묘사됩니다. 노동력이 필요했던 농경 시대에 소는 인간을 대신하는 훌륭한 농사꾼이었지요. 이처럼 신화에는 인간의 배고픔을 해결해 준 농업과 이를 가능케 해 준 자연에 대한 인간의 경외심이 잘 나타나 있습니다.

# 쌀과 야채의 황홀한 조합, 쌀국수 미고랭 만들기

출출한데 마땅히 해 먹을 게 없을 때, 요령 있게 한 끼를 때울 음식으로 뭐가 있을까요? 라면, 김밥? 저는 단연 쌀국수를 꼽습니다. 간편하면서 영양도 좋기 때문입니다. 쌀국수는 한 끼 식사로 정말 훌륭합니다. 밥보다 못할 게 없어요. 밀가루 음식보다 건강에 좋고 포만감도 오래갑니다. 그중 제가 자신 있게 권하는 한국식 미고랭(볶음 국수) 만드는 법을 알려 드리죠.

먼저 재료를 준비합니다. 쌀국수 면은 가게에서 손쉽게 구할 수 있습니다. 굵기가 다양한데 가늘수록 빨리 익습니다. 저는 우리나라 칼국수 정도의 중간 굵기를 선호합니다. 소면을 닮은 가는 쌀국수는 금세 불어 손질이 까다롭습니다. 면을 구했다면 이제 냉장고 문을 열 차례입니다. 쓸 만한 야채가 있는지 살핍니다. 양파나 마늘만 있어도 충분해요. 파프리카, 고추가 있다면 더욱 좋겠지요. 숙주와 콩나물이 있다면 빙고! 손님을 불러와도 좋습니다.

재료(1인분): 야채(양파, 마늘, 파프리카, 고추, 숙주, 콩나물 등), 굴 소스, 쌀국수 면 1인분(엄지와 검지를 동그랗게 말아 6자 모양을 만들고 그 안에 면발이 충분히 들어가면 1인분입니다).

1. 면 굵기에 따라 15~30분간 미지근한 물에 불립니다. 이렇게 하면 바로 끓였을 때보다 면이 부드럽습니다.

2. 면을 데칩니다. 1분 정도면 충분히 익습니다. 타이머가 있으면 편리합니다. 볶을 것이기 때문에 약간 심이 남아 있어도 괜찮습니다.

3. 프라이팬을 달굽니다(센불). 달궈지면 기름을 한 큰술 두르고 마늘을 볶다가 고소한 마늘 익는 냄새가 나면 불을 중불로 놓습니다. 이제 야채를 넣고 볶습니다. 닭 가슴살, 새우, 유부 등 씹히는 것들을 넣으면 맛이 좋습니다. 먹다 남은 치킨도 훌륭한데, 껍질은 버리고 살만 잘라서 넣습니다. 껍질에는 기름이 많기 때문인데요. 기름진 음식을 좋아한다면 넣어도 좋습니다.

4. 야채가 숨이 죽으면 굴 소스를 한 큰술 넣습니다. 굴 소스가 싫다면 피시 소스와 칠리 소스를 반반 섞어 넣으세요. 소스에 따라 독특한 맛이 납니다(고추장, 춘장, 케첩, 마요네즈, 뭐든 넣어도 좋아요. 단 조금씩 넣는 습관을 들여야 합니다. 너무 많이 넣으면 오히려 더 맛이 없습니다. 볶음 요리는 비움의 미학이 중요합니다).

5. 면을 프라이팬에 넣고 물을 세 큰술 두릅니다. 특유의 볶은 맛을 더 원한다면 물 대신 달걀을 풀어서 넣습니다. 불은 중간불로 둬야 합니다.

이상입니다. 불리기-데치기-볶기. 어때요, 이번에도 간단하죠? 냉동실에 명절 때 먹다 남은 전이 있다면 꺼내서 잘게 썰어서 넣으세요. 뭐가 들어가도 맛있는 한국식 미고랭이니까요.

# 6. 물고기-농사를 지을 수 없는 사람들을 구하다

> "예수께서 가라사대 나를 따라오너라.
> 내가 너희로 사람을 낚는 어부가 되게 하리라."
>
> ―『성경』마가복음 1장 17절

곡식의 발견은 인간의 삶에 커다란 변화를 가져다주었습니다. 그러나 불행히도 모든 사람들이 곡식을 먹을 수 있었던 것은 아닙니다. 특히 섬이나 고산지대처럼 집단과 떨어져 지낸 사람들은 농업의 혜택에서 벗어나 있었습니다. 유라시아 대륙처럼 신석기 시대 → 청동기 → 철기라는 문명의 큰 흐름을 따르지도 않았고요.

지식은 물이 흐르듯이 저절로 퍼져 나가지 않습니다. 특히 문자조차 없었던 고대에는 정보의 전달에 많은 장벽이 있었지요. 다양한 매체를 통해 정보가 순식간에 전 세계로 퍼져 가는 지금의 눈으로 보자면 답답한 일이 한둘이 아닙니다. 고대에는 사람 자체가 정보이자 매체였습니다.

## 정복의 시대

아랍이나 중앙아시아가 원산지인 밀 재배가 중국에서는 이뤄졌지만 왜 아

75

메리카나 호주는 그렇지 않았을까요? 답은 간단합니다. 바다로 가로막혀 있었기 때문입니다. 인적 교류가 전혀 없었던 거예요. 대항해 시대 이전까지 유라시아의 농사법은 이들 지역에 전해지지 않았습니다. 중앙아시아에서 북아프리카 이집트까지 건너간 밀이 남아프리카에는 미치지 않은 것과 같은 이치입니다. 사하라 사막과 적도의 정글 지역은 너무도 큰 장벽이었거든요.

이처럼 지구의 대륙에는 곡식을 재배하는 곳과 그렇지 않은 곳이 존재했습니다. 이는 엄청난 사회·문화적 차이를 발생시켰어요. 곡식을 재배하는 땅을 둘러싸고 노동력 확보를 위한 전쟁이 벌어집니다. 피지배 부족은 노예가 되었고 이를 토대로 강력한 계급 사회인 고대 국가가 형성됩니다. 고대인들은 노예까지 동원해서 더 많은 곡식을 얻고자 했지만 여전히 굶주리는 사람은 존재했습니다.

생산력은 올라갔을지 모르지만, 사회가 생산물을 독점한 소수의 배부른 자와 다수의 굶주린 자로 나누어졌기 때문입니다. 인류 역사상 그 어느 때보다 풍족한 식량을 생산해 내는 오늘날에도 인류의 4분의 1은 굶주림에 노출돼 있습니다. 고대 국가는 더 심했겠죠. 결국 더 많이 수확한다고 해서 더 많은 사람들이 풍족해진 게 아니라는 겁니다. 오히려 노예 제도가 없던 부족 국가들이 더 잘 살았습니다. 풍년이 들면 나누고 흉년이 들면 덜 먹었습니다. 양보와 공감의 미덕 덕분에 미래에 대한 공포에서 비교적 자유로웠죠.

그러나 이들도 정복 전쟁의 흐름을 피할 수 없었습니다. 함께 나누는 아름다운 관습을 가진 석기 문명의 사람들은 강력한 무기와 군대를 가진 고대 국가의 침략을 당해낼 수 없었습니다. 기원전 3000년 전 농업 혁명 후 금속 무기가 등장하면서 정복의 역사는 계속됩니다. 더 많은 것을 가지기 위한 인간 간 싸움이 시작된 것입니다.

대항해 시대에는 대륙 간 정복으로 확대됩니다. 1492년 콜럼버스의 신대륙 발견 이후 유럽인들이 아메리카 선주민들을 학살하고 땅을 빼앗습니다. 철갑으로 무장한 말을 타고 총을 쏘는 스페인 군대를 곤봉과 청동검 따위로 무장한 아메리카 선주민들이 당해 낼 수는 없었습니다.

땅을 빼앗기 위해 총 대신 돈으로 회유하기도 합니다. 1855년 당시 미국 대통령이던 프랭클린 피어스는 지금의 워싱턴 주에 살던 북미 인디언들에게 땅을 팔라고 합니다. 이때 추장이던 시애틀은 다음과 같이 말합니다.

"그대들은 어떻게 저 하늘이나 땅의 온기를 사고팔 수 있는가? 우리로서는 이상한 생각이다. 공기의 신선함과 반짝이는 물은 우리가 소유하고 있지도 않은데 어떻게 그것들을 팔 수 있다는 말인가? 우리에게는 이 땅의 모든 부분이 거룩하다. 빛나는 솔잎, 모래 기슭, 어두운 숲 속 안개, 맑게 노래하는 온갖 벌레들, 이 모두가 우리의 기억과 경험 속에서는 신성한 것들이다."

시애틀이 미국 정부에 보낸 편지입니다. 참 아름답죠. 이토록 아름다운 말을 할 수 있었던 것은 물론 그의 정신세계가 아름다웠기 때문일 겁니다. 그러나 좀 더 본질적으로는, 그가 소유와 거래를 토대로 하는 자본주의와 거리가 먼 부족 국가에 살고 있었기 때문입니다. 가질 수 없는 것을 어떻게 팔겠느냐는 것이 시애틀의 논리입니다. 인간은 자연의 일부이지 소유자가 아니라는 겁니다. 하지만 탐욕에 눈이 먼 백인들이 그 뜻을 이해했을 리 없습니다. 결국 인디언들은 미국 정부군에 의해 쫓겨나고 신성한 땅은 결국 정복 전쟁에 나섰던 유럽의 이주자들이 차지하게 되지요. 농업 혁명에서 비롯된 정복 전쟁이 19세기까지 계속되었던 것입니다.

## 소금과 물고기

여기서 드는 의문 하나. 그렇다면 농사를 짓지 않았던 사람들은 대체 뭘 먹고 살았을까요? 학자들은 물고기를 꼽습니다.

빗살무늬 토기는 신석기 시대 우리나라의 대표적인 토기입니다. 생선 뼈나 돌로 빗살무늬를 그어서 만든 예술성 높은 작품이기도 하지요. 저는 국립중앙박물관에서 빗살무늬 토기를 보면서 그 정교함에 무척 놀랐습니다. 무려 5000년 전에 만들어졌다고 생각하기 어려웠지요.

토기에는 두 가지 쓰임새가 있습니다. 바로 조리와 저장이지요. 그릇에 담으면 불로 요리할 때 아주 편리합니다. 남은 음식을 저장할 수도 있지요. 그렇다면 빗살무늬 토기에는 어떤 음식물을 담아 두었을까요?

빗살무늬 토기는 대부분 강을 낀 지역에서 출토됐습니다. 원형이 가장 잘 보존된 암사동 빗살무늬 토기는 한강변에서 발견됐죠. 삼각형 모양의 뾰족한 밑부분은 이 토기를 주로 모래사장에 꽂아 놓고 썼다는 증거가 됩니다.

모래사장에서 원시인들은 무엇을 했을까요? 모래땅에서는 농사를 지을 수가 없습니다. 아마도 물고기나 조개를 잡았을 것입니다. 물고기는 소나 돼지처럼 많은 고기를 주지는 않지만 안전합니다. 성난 야생 동물에 맞서 싸울 필요가 없어요. 또 곡식처럼 오랜 시간을 기다릴 필요가 없었습니다. 때문에 가까운 지역에 강이 있었던 사람들은 들짐승 대신 물고기를 택했을 겁니다. 신석기 시대 유적에서 낚시 도구나 작살, 그물 추 등이 나오는 것도 이런 이유입니다. 물고기는 농사를 지을 수 없었던 사람들의 배고픔을 해결해 준 최고의 음식이었습니다. 게다가 소금에 절인 물고기는 썩지 않고 오래갑니다. 두고두고 먹을 수 있다는 거죠.

인간은 오랜 시간을 거치면서 소금이 부패를 막는다는 걸 알게 됩니다. 고대 이집트에서는 미라를 만들 때 소금을 집어넣었습니다. 소금에 절이면 육신이 썩지 않아 영생을 얻을 거로 생각했죠. 피라미드를 만드는 데 동원된 인부들에게는 소금에 절인 생선이 일당으로 지급됐습니다.

생선을 말려서 절이면 보관 시간은 훨씬 더 늘어납니다. 북어포나 대구포 같은 생선포가 바로 그것이죠. 생선포를 일찌감치 즐겼던 민족은 바이킹이었습니다. 그들은 8~11세기까지 배를 타고 유럽 곳곳을 약탈했습니다. 이들은 소금에 절인 대구를 말려서 포로 만들었습니다. 이걸 식량 삼아 먼바다로 나갔지요. 만약 생선포가 없었다면 정복에 나선 바이킹들은 매일 낚시를 해야 했을 겁니다. 대구포는 바이킹들이 먼 데까지 전쟁에 나설 수 있었던 든든한 배경이었던 셈입니다. 덕분에 바이킹은 유럽 전역은 물론 러시아까지 돌아다닐 수 있었습니다. 최근에는 신대륙에 최초로 건너간 유럽인은 바이킹이라는 것이 정설이라고 하니 참, 대단하죠?

소금은 물고기와 완벽한 호흡을 맞추며 인간의 배고픔을 해결해 주었습니다. 하지만 제아무리 소금이라 해도 자연의 섭리를 거스를 수는 없었죠. 모든 음식은 시간이 지나면 썩습니다. 소금은 그 시간을 조금 늦출 뿐이었죠. 먹을 음식이라곤 생선밖에 없고 생선은 썩어 가고, 자 그럼 이제 어쩌죠? 답은 썩은 채로 먹는 겁니다.

소금에 절인 생선이 썩어가는 것을 안타깝게 지켜보던 누군가 적당히 썩은 (발효한) 생선이 풍기는 독특한 풍미에 한입 베어 먹어 보았을 겁니다. 20퍼센트 이상의 높은 농도로 생선을 절여 발효시키면 독특한 향미를 가진 생선젓이 된다는 것도 알게 됩니다. 생선 살에 있는 효소와 미생물이 적당하게 발효하면서 새로운 아미노산이 만들어져 특유의 감칠맛이 나는 것이죠. 인간은 이 감칠맛 나는 생선 젓갈을 기원전부터 먹기 시작했습니다. 발효와 부패는 백지 한 장 차이예요. 미생물이 유기물을 분해하는 과정이라는 점에서 같습니다. 다만, 악취와 유해 세균 등 때문에 먹을 수 없다면 부패고, 맛도 좋고 유익하면 발효가 되는 겁니다.

동남아에서는 생선에 곡식을 섞어 발효시킵니다. 곡식과 생선의 미생물이 함께 발효하면서 예상 밖의 멋진 음식이 탄생하죠. 이것이 중국을 통해 우리나라와 일본에 전달됐습니다. 우리나라에서는 생선 식해(食醢)가 됩니다. 동해안 지역의 가자미식해가 대표적인데요. 소금간을 한 가자미에 조밥이나 메밥을 버무려 발효시킵니다.

일본에 건너간 생선-곡식 발효 음식은 에도 시대 패스트푸드화되면서 오늘날의 초밥(스시)이 됐죠. 원래 초밥의 원조는 절인 붕어의 뱃속에 밥을 넣고 1~2년 정도 발효시켜 먹는 '나레즈시'였다고 합니다. 귀족들이나 먹을 수 있던 이 음식을 현대인들이 먹기 좋게 만든 게 초밥입니다. 상인들이 연구를 거듭하면서 식초와 설탕을 넣은 꼬들꼬들하고 새콤달콤한 밥에 숙성한 생선을 얹어 먹는 오늘날의 초밥이 생긴 것이죠.

서양인들은 날생선을 먹는 동양인들을 이해하지 못했습니다. 절인 돼지나 소고기를 먹던 그들은 에스키모나 일본 사람들을 보며 미개하다며 비웃었습니다. 하지만 오늘날 상황은 완전히 역전이 되었어요. 패스트푸드와 고기 요리로 비만율이 급상승하는 서양인들은 동양식 생선 요리를 다시 보게 됩니

다. 콜레스테롤이 적고 성인병의 원인이 되는 포화 지방산이 없는 훌륭한 단백질 공급원이라는 사실이 알려지면서 건강식으로 각광 받게 되죠. 유럽에서 초밥은 최고급 요리에 속합니다.

일본이 세계 최장수 국가인 이유도 생선 요리에 있습니다. 불교 국가인 일본은 675년 텐무왕이 가축 도살 금지령을 내리면서부터 19세기 중반 메이지

유신으로 이를 해제할 때까지 무려 1200여 년 동안 고기를 못 먹습니다. 그러니 생선이 주식이 될 수밖에요.

## 종교와 물고기

물고기는 인간의 육체뿐 아니라 정신도 건강하게 합니다. 소금을 만나 오래 보관할 수 있는 양식이 되면서 인간의 삶에 파고듭니다. 음식에서 그치지 않고 종교적 의미도 얻습니다. 성서에 나오는 물고기를 먼저 살펴보겠습니다.

예수의 첫 번째 제자인 베드로의 직업은 어부였습니다. 갈리아 해변에서 베드로를 처음 만난 예수는 그 자리에서 "물고기가 아니라 사람을 낚는 방법을 알려 주겠다"라고 합니다. 그리고 예수가 승천하자 베드로는 최초의 교황이 되지요. 지금도 바티칸 교황의 반지에는 물고기를 낚는 베드로의 모습이 새겨져 있습니다. 일명 '어부의 반지'로 불리죠.

그렇다면 예수님은 왜 농부가 아니라 어부를 첫 제자로 삼았을까요? 여러 해석이 가능하겠지만 저는 예수가 살았던 2000년 전에는 물고기가 매우 중요한 식량이었을 거로 생각합니다. 어부는 그만큼 중요한 일을 하는 사람이었다는 거죠. 농업은 물을 대는 관개 시설이 중요하지만 아마 고대인들은 이를 능수능란하게 만들지 못했을 겁니다. 지금도 가뭄이나 홍수가 들면 식량을 구하지 못해 쩔쩔매야 하잖아요. 곡식은 그만큼 귀한 음식이었을 겁니다. 반면에 물고기는 바다나 강이 있으면 쉽게 구할 수 있었겠지요.

로마의 박해가 한창이던 시절 기독교인들은 물고기를 자신들만의 비밀스러운 암호로 사용했습니다. 당시 물고기를 뜻하는 '익스투스'라는 단어는 '예수 그리스도 하나님의 아들 구세주'에서 각 구절의 첫 글자를 모아 놓은 것과 같았기 때문입니다. 지금도 그리스 정교 국가에서는 크리스마스를 기념

해 물고기를 먹습니다. 또 수도원의 사제들은 부활절 전후로 물고기만을 먹습니다.

불교에서도 물고기는 중요한 종교적 의미가 있습니다. 우리가 잘 아는 목탁은 목어에서 왔습니다. 목어란 잉어 모양으로 깎아 만든 나무 기구입니다. 불사를 할 때 나무 막대기로 안쪽 벽을 두드려 소리를 내지요. 목탁은 일종의 휴대용 목어라고 할 수 있겠죠. 물고기는 눈을 뜨고 잡니다. 스님들은 지금도 밤낮으로 도를 닦으라는 의미가 새겨진 목탁을 두드리며 불경을 외웁니다.

절의 처마에는 물고기 모양의 풍경이 달려 있습니다. 날랜 물고기가 수면을 치고 나오듯이 지혜의 바다에서 도약하란 뜻입니다. 허공에 매달린 물고기야말로 절에서 볼 수 있는 멋진 은유라고 할 수 있습니다.

노자와 장자의 사상을 바탕으로 하는 도교에서도 물고기는 중요한 상징입니다. 물속에서도 자유롭게 숨을 쉬는 물고기는 도교의 핵심 사상인 '무위

자연'에 맞닿아 있는 존재로 여겨졌습니다. 동양화에서 물고기가 많이 등장하는 것도 이 때문입니다. 특히 '아홉 마리 물고기'는 노자를 상징한다고 합니다. 물고기는 인류를 배고픔에서 구한 음식이었을 뿐 아니라 정신적 충만함까지 함께 준 소중한 생명이던 것입니다.

## 소금은 어떻게 조미료의 시작이 됐나?

저의 고향은 경북 안동입니다. 안동은
재미있는 특산품이 많은데 그중 하나가
간고등어입니다. 안동은 바다가 없는 내륙
입니다. 그런데 왜 '안동 고등어'가 유명
할까요? 바로 소금 탓입니다. 동해에서 잡
힌 고등어가 안동까지 오는 동안 살이 숙
성됩니다. 적당히 숙성된 상태이고 소금
으로 간을 했으니 그 맛이 다른 지역보다

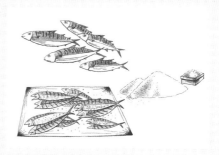

좋았던 것이지요. 제가 어릴 때는 교통이 불편해서 고등어가 도착하기까지 지금보다 더
오래 걸렸습니다. 소금도 많이 들어가서 엄청 짰죠. 고등어 살 한 토막이면 밥 한 그릇
을 거뜬히 먹을 정도였습니다. 아마도 소금이 아니었으면 바다와 멀리 떨어진 안동에서
고등어를 맛볼 기회는 없었을 겁니다.

소금은 생선의 부패를 막습니다. 그 원리는 이렇습니다. 식물이든 동물이든 생물을
썩게 하는 건 바로 박테리아 같은 미생물입니다. 이들이 효소의 작용으로 유기물을 분
해시켜 알코올, 탄산가스 등을 발생시키는 것이 썩는, 혹은 발효하는 과정입니다. 소금
은 삼투 작용으로 이들 박테리아 같은 미생물을 죽입니다. 소금에 절이면 물고기 살 안
에 있는 수분이 빠져나오기 때문에 미생물이 생선살 속에서 살지 못하는 겁니다.

소금은 인간의 생존에 필수적인 음식 그 자체이기도 합니다. 소금의 구성 물질인 나
트륨은 인체의 주요
신경 전달 물질입니
다. 체액이나 혈액에
서 수분을 조절하는
역할도 하지요. 나
트륨이 부족하면 탈
수 현상에 구토, 의
식 장애 등이 일어납
니다. 심하면 사망에
이를 수도 있어요.

그래서 고대부터

소금은 매우 귀한 취급을 받았습니다. 고대 중국과 이집트에서는 소금을 국가가 통제하고 세금을 매겼습니다. 소금은 오늘날의 돈처럼 쓰였습니다. 고대 로마에서는 군인이나 관리의 봉급으로 소금을 주기도 했죠. 라틴 어로 소금은 'sal'입니다. 영어로 소금을 뜻하는 'salt'도 여기서 왔죠. 급여를 뜻하는 'salary'도 소금에서 나온 말입니다. 샐러리맨은 아주 예전에는 '소금 받는 사람'이었던 것입니다.

서양의 야채 요리인 샐러드(salad)도 소금에서 온 것입니다. 특히 요리에서 소금이 차지하는 비중은 매우 큽니다. 소금 없는 요리를 상상해 보셨나요? 제아무리 맛있는 고기라도 소금이 없으면 밋밋합니다. 한두 점 먹다가 내려놓게 되죠. 소금은 인간에게 안전한 음식과 함께 새로운 맛의 세계를 열어 주었습니다.

## 크고 좋은 물고기, 참치로 샐러드 만들기

참치는 이름부터 남다릅니다. '참'은 '크다' '좋다'란 뜻이고 '치'는 물고기를 의미하는 순 우리말입니다. '참나무' '참기름'과 비슷한 조어 방식이죠. 얼마나 먹을 만하면 이런 이름이 붙었을까요? 참치 샐러드로 그 이름값을 한번 확인해 보겠습니다.

재료(2인분): 참치 통조림, 여러 가지 야채, 간장 식초 소스 혹은 마요네즈 소스.

1. 일단 집안에서 쓸 만한 야채를 모읍니다. 양배추건 상추건 당근이건 다 모아요. 이것들을 찬물에 씻은 후 일단 물기를 뺍니다. 샐러드를 만들 때는 야채에 있는 물기를 꼭 빼야 해요. 페이퍼타월을 깔고 씻은 야채를 그 위에 올리거나 물기 빼는 샐러드 통을 써도 좋습니다. 설마 양파를 빠뜨린 건 아니겠죠? 양파는 샐러드의 꽃입니다. 양파가 빠진 샐러드는 "앙꼬 없는 찐빵"과도 같습니다. 매운맛이 싫다면 찬물에 담갔다가 넣으면 돼요.

2. 준비한 야채를 썰어서 그릇에 담습니다.

3. 이제 참치 통조림 캔을 따서 기름을 쪽 뺀 후 살만 따로 야채에 올립니다. 그 위에 소스를 살살 뿌리면 참치 샐러드 완성~

샐러드에 견과류를 뿌리면 영양도 좋고 맛도 좋습니다. 식사를 대신하려면 두부나 빵을 구워 함께 넣어 먹으면 좋습니다. 삶은 달걀을 편으로 썰어 넣어도 좋고요. 소스는 여러 가지를 다양하게 사용할 수 있지만, 저는 간장 식초 소스(일명 오리엔탈 소스)를 권합니다. 가장 칼로리가 낮으니까요.

**소스 만드는 법**
재료(2인분): 간장 한 큰술 반, 발사믹 식초(굴 소스로 대체 가능) 반 큰술, 참기름 한 티스푼, 레몬즙, 다진 마늘 한 쪽, 설탕 한 티스푼, 파슬리 가루.

1. 이상의 재료들을 적당히 넣어서 만듭니다. 간장의 양은 샐러드에 들어가는 야채의 양에 비례합니다. 야채가 적으면 간장을 한 큰술 정도만 넣어 주세요. 양파를 다져 넣어도 맛있습니다. 발사믹 식초가 없으면 그냥 식초를 반 큰술 넣습니다.

2. 간장 소스가 물리면 마요네즈, 케첩, 된장을 넣어도 먹을 만합니다.

3. 레몬즙이나 발사믹 식초는 없어도 됩니다. 필수는 아니에요. 파슬리 가루는 가까운 슈퍼에 있습니다. 우리나라의 쪽파로 생각하시면 됩니다. 뿌리면 향기가 좋아집니다. 좀 더 강한 맛을 원하면 바질 가루를 넣어도 좋습니다. 설탕 대신 과일을 갈아 넣으면 더욱 맛있습니다.

참고로 샐러드 소스는 그때그때 만들어 먹는 것이 좋습니다. 귀찮게 어떻게 매번 그걸 만들어 먹느냐고요? 요리의 맛은 이런 숨은 수고에서 오는 겁니다. 직접 맛을 보면 그 차이를 알 수 있을 거예요.

# 7. 빵-세계인의 음식으로 진화하다

"세상에는 배가 너무 고파서
신이 빵의 모습으로만 나타날 수 있는 사람들이 있다."
—마하트마 간디

기원전 1999년, 서른다섯 살의 룬다는 피라미드 공사장의 하급 관리였습니다. 인부와 노예들에게 식량을 공급하는 일을 맡고 있었죠. 공사 규모가 워낙에 크다 보니 인부들 수도 엄청났습니다. 이들을 먹여 살리는 일이 바로 룬다의 책임이었던 거죠. 노예와 인부들은 늘 배고픔을 호소했습니다. 고작해야 보리죽이나 납작한 빵을 먹었으니까요. 파라오와 왕족들은 룬다 같은 관리자들에게 인부들의 배고픔을 해결하라고 지시했지만 뾰족한 방법은 없었습니다.

## 이집트의 발효 빵

관리자인 룬다조차 배불리 먹는 것은 아니었어요. 이집트는 나일 강 주변을 빼고는 전부 사막이었습니다. 범람으로 비옥해진 나일 강 변 땅에만 농사를 지을 수 있었습니다.

그런데 굶주림에 지친 노예와 인부들이 폭동을 일으켰어요. 성난 폭도들의 1차 목표가 된 것은 바로 룬다와 같은 현장 관리자들이었지요.

룬다는 한숨이 나왔어요. 금세 배가 꺼지는 보리죽만으로는 그들을 달래기가 어려웠습니다. 고민하는 룬다가 안쓰러웠는지 아내가 하루는 밀 맥주를 저녁 밥상에 내밀었어요. 맥주를 마신 룬다는 오랜만에 깊은 잠을 잘 수 있었어요.

"악!"

다음날 아침 룬다는 아내의 비명에 잠을 깼어요. 얼른 소리가 들린 부엌으로 가 봤어요. 아내가 손가락으로 가리킨 곳을 보니 하얀 공 같은 게 있었습니다. 주방의 조명이 어두워 마치 그것은 어린아이의 머리처럼 보였죠. 다가가서 보니까 빵빵하게 부풀어 오른 밀가루 반죽이었습니다.

"이게 왜 이렇게 부풀어 올랐지?"

룬다가 묻자 아내는 맥주를 물인 줄 알고 반죽에 넣었더니 저렇게 되었다고 말합니다. 룬다는 부풀어 오른 반죽에 코를 대 봤어요. 시큼하면서도 향긋한 냄새가 났습니다. 반죽을 떼서 납작하게 만들어서 화덕에 올려 보았죠.

반죽은 점점 부풀어 올랐어요. 마치 살아 있는 생명체 같았어요. 빵이 된 이 반죽은 제 부피를 이기지 못하고 화덕에서 굴러 떨어집니다. 이 과정을 지켜보던 룬다는 조심스럽게 땅에 떨어진 빵을 집어 들었습니다. 통통하고 노릇하게 구워진 빵은 보기에도 먹음직스러웠습니다. 룬다가 뜨거운 빵을 한입 베어 물었습니다. 룬다는 깜짝 놀랍니다. 부풀어 오른 탓에 속은 거의 비어 있었지만 부드럽고 향긋했어요. 기존에 먹던 납작하고 딱딱한 빵과는 비교가 되지 않았죠. 그때 룬다는 깨달았습니다.

"바로 이거야! 이 새로운 빵이면 인부들을 굶기지 않겠다."

세계 최초의 발효 빵이자 이집트의 명물인 공갈빵 '아이시'(Aysh)는 이렇게 태어납니다.

## 그리스와 로마로 간 빵

빵은 밥과 함께 세계인이 가장 많이 먹는 음식이에요. 밥은 쌀을 물과 함께 끓여 먹지만 밀로 만든 빵은 방식이 다릅니다. 쌀과 달리 밀은 끈적임이 강하기 때문에 그냥 끓이거나 구우면 딱딱해져요. 최초의 빵은 밀의 고향인 서남아시아에서 시작된 것으로 추정돼요. 이때만 해도 지금과는 모양이 완전히 달랐습니다. 고대의 빵은 피자 도우처럼 납작한 모양이었어요. 거기에 고기나 야채를 싸서 먹었죠. 이런 형태의 빵은 지금도 유럽 전역에 남아 있습니다. 그리스에서는 이런 넓고 얇은 전통 빵을 '피타'(pitta)라고 합니다. 터키에서는 '피데'(pide)라고 부르죠. 이 빵은 이탈리아로 가서 '파네'(pane)와 '파스타'(pasta)가 됩니다. 파네는 '빵'이란 뜻이지만 파스타는 '서양 국수'를 뜻하죠.

스페인에서 파스타는 국수와 함께 '반죽'이란 뜻으로 쓰입니다. 폭이 넓은 라자냐를 비롯해 머리카락처럼 가는 카페닐리(천사의 머리카락이란 뜻)까지 다양한 종류의 국수를 총칭합니다. 빵이 되느냐 국수가 되느냐는 반죽을 어떤 식으로 잘라 내느냐에 달린 것이죠. 즉, 유럽 국수의 조상은 바로 고대의 납작한 빵인 것입니다.

자, 그럼 다시 이집트로 돌아와서요, 이집트에서 발효 빵이 나오면서 빵은 비로소 빵다운 길을 걷게 됩니다. 학자들은 최초의 발효 빵에는 맥주가 들어갔을 것으로 추정합니다. 빵을 부풀게 하는 이스트(효모균)가 있는 음식이라면 당시에는 맥주가 유력했거든요. 누군가 실수로 아니면 고의로 맥주를 넣은 것이 틀림없어요. 저는 실수에 한 표. 그래서 룬다의 이야기를 만들어 봤어요. 실수 역시 관찰과 실천만큼 중요한 창조의 방법입니다. 떼었다 붙이는 메모지 '포스트잇'이 접착력이 약한, 한마디로 '실패한' 접착제에서 시작한 것처럼 말이죠.

이집트인들은 최초로 빵에 이스트를 사용했지만 그 정체가 곰팡이라는 사실은 몰랐습니다. 1800년대 현미경으로 관찰한 다음에야 알게 되죠. 그전까지 인간들은 빵을 '신의 기적'이라고 불렀어요. 안 그러면 어떻게 멀쩡한 빵이 빵빵하게 부풀어 오르겠느냐는 생각이었죠.

이집트인들은 이스트를 발견했을 뿐만 아니라 빵을 굽는 토기를 이용한 원시적인 형태의 오븐도 발명했습니다. 이집트 사람들은 토기에 빵 반죽을 넣은 후 뚜껑을 닫고 불을 피워 토기를 뜨겁게 만드는 방식으로 빵을 구웠습니다. 그전까지는 대부분 화덕 둘레에 붙이거나 직화로 빵을 만들었다고 해요. 인도에는 아직도 화덕에 붙여서 굽는 초기의 빵이 남아 있죠.

이집트의 빵과 오븐은 그리스로 전해집니다. 당시 그리스는 무역을 하는 나라였어요. 햇볕이 좋지만 땅은 척박했죠. 곡식이 부족했습니다. 그러다 보니 밀을 사서 먹어야 했습니다.

당시 밀이 풍부한 나라는 아프리카 북부의 이집트와 지금의 터키나 이라크가 있는 중동 지역이었습니다. 그리스는 대신 아테네 여신이 줬다고 말하는 올리브기름과 이걸 담을 도기를 팔았어요. 올리브기름이나 도기는 배에 싣고 다니기도 좋았어요. 도기에는 그리스의 신화나 소아시아 국가의 신화에 등장하는 인물들을 그려 넣었죠. 그리스 신화가 풍성해진 데에는 이런 상업의 역할도 있었을 듯합니다.

그리스는 무역을 통해 여러 나라와 교류를 했습니다. 지중해의 대국인 이집트는 물론 물산이 풍부한 소아시아와도 교역을 하죠. 심지어 인도와 중국

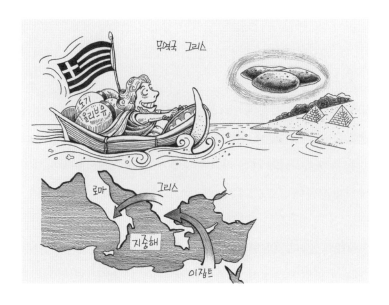

에도 손길을 미쳤습니다. 이를 통해 아프리카와 아시아의 문물을 빠르게 수입했죠. 그리스의 수입품 가운데 대표적인 것은 빵이었습니다.

이렇게 빵은 이집트에서 그리스로 갔다가 다시 로마로 갑니다. 로마는 다른 나라 문물을 적극적으로 흡수하던 나라였습니다. 빵도 예외는 아닙니다. 로마는 빵을 한층 더 업그레이드시킵니다. 불과 음식이 들어가는 구멍을 분리시켜 수직형이던 화덕 오븐을 수평으로 만들어 현대적 개념의 오븐을 만든 것도 로마입니다. 로마식 오븐은 충분한 열기의 전달로 빵을 좀 더 알맞게 부풀어 오르게 했습니다. 당연히 맛도 좋아지지요. '제빵사'라는 직업이 생긴 것도 이때쯤으로 추정됩니다.

로마 시대에 들어 밀가루 제분업도 발전합니다. 이때 로마는 서양 문명의 중심일 뿐 아니라 서양 음식의 중심이기도 했습니다. 로마는 후추와 육두구 (넛메그) 같은 각종 향신료 무역을 독점합니다. 이는 포르투갈이 아프리카 대륙을 따라 인도양 항로를 개척하는 1400년대 말까지 이어지지요.

로마에서 정점을 찍은 빵은 유럽 각국으로 전파되면서 독자적으로 발전합니다. 케이크와 과자로 세분화되죠. 현대에 와서는 건조 이스트의 발명과 기계화로 빵이 대량 생산됩니다. 그러면서 과거와 같은 천연 효모 빵은 점점 사라지게 됐죠. 우리가 예전에는 가마솥으로 밥을 짓다가 산업화 이후에는 전기밥솥으로, 요즘은 아예 공장에서 나온 포장 밥으로 끼니를 때우기도 하는 것과 마찬가지입니다.

프랑스의 바게트도 프랑스 대혁명 이후에 그렇게 대량 생산한 빵입니다. 이처럼 빵을 대량 생산하면서 서양은 어느 지역보다 빨리 배고픔에서 벗어나게 됩니다. 물론 아프리카와 아시아 식민지에 대한 착취가 없었다면 불가능했죠.

## 빵을 지키는 사람

근대로 오면서 빵은 인간의 생존권을 상징하는 단어로 부상합니다. 일을 해도 늘 굶주렸던 서민들의 외침은 혁명으로 이어졌습니다. 결국 "우리에게 빵을 달라"는 외침과 함께 프랑스 대혁명이 시작됩니다. 당시 프랑스는 재정적으로 어려운 상황이었습니다. 앙숙이었던 영국의 식민지 미국이 독립 전쟁을 벌이자 이를 지원하느라 돈을 많이 썼거든요. 그런데도 왕실과 귀족층의 사치는 오히려 심각해졌습니다. 이에 분노한 민중들이 빵을 요구하고 나선 겁니다. 그런데도 상황을 파악하지 못한 프랑스의 왕비 마리 앙투아네트(1755~1793)가 "빵이 없으면 케이크를 먹으면 되잖아"라는 독설을 했다는 일화는 유명합니다. 결국 루이 16세와 마리 앙투아네트는 단두대의 이슬로 사라지지요.

최근까지도 빵을 달라는 외침은 계속되고 있습니다. 대표적인 나라가 발효 빵의 원조인 공갈빵 아이시를 만든 이집트였습니다. 밀 가격 상승으로 아이시 가격이 대폭 오르면서 민중들이 고통에 시달렸습니다. 결국 분노한 민중들이 대규모 시위에 나섰고 이에 30년 장기 집권의 독재자 무바라크 대통령이 하야를 하게 됩니다. 2011년 2월에 일어난 일이에요. 피라미드를 쌓던 때나 4000년이 흐른 지금이나 이집트 민중들의 배고픔은 여전한 것입니다.

정치란 것은 모름지기 백성을 배불리 먹여야 하는 것입니다. 영주를 뜻하는 영어 '로드'(lord)는 '빵을 지키는 사람'이란 의미의 고대어에서 왔다고 합니다. 백성들의 배고픔을 해결하는 것이 정치의 핵심이라는 사실을 고대인들도 꿰뚫고 있었던 것이죠.

lord의 첫 글자 'l'을 대문자 'L'로 쓰면 'Lord' 즉 하나님이 됩니다. 빵은

정치에서 한발 더 나아가 종교적 상징으로 승화되지요. 빵은 '하느님의 몸'이자 '예수님의 몸'으로까지 이야기됩니다. 마태복음을 보면 예수는 다섯 개의 빵과 두 마리의 물고기로 400명의 배를 채웁니다. 이른바 '오병이어의 기적'입니다. 빵과 물고기는 예수의 권능을 보여 준 수단입니다.

요한복음에는 "나는 하늘에서 내려온 살아 있는 빵이다. 이 빵을 먹는 사람은 누구든지 영원히 살 것이다. 내가 줄 빵은 곧 나의 살이다. 세상은 그것으로 생명을 얻게 될 것이다"라고 적혀 있습니다. 빵은 예수의 희생과 봉사를 뜻합니다. 빵과 함께 먹는 포도주는 예수의 피를 상징합니다. 가톨릭에서는 지금도 빵을 예수의 몸으로 여기고 미사에서 신도들에게 빵을 건네는 성찬식을 하고 있습니다.

빵은 문화적으로도 의미가 큽니다. 빵은 서구를 대표하는 음식이었지만 지금은 전 세계 사람들의 주식으로 떠올랐습니다. 빵을 먹었던 서양이 세계를 지배하면서 동양에도 빵이 퍼지게 된 겁니다. 자본주의가 고도로 발달한 현대 사회에서 빵을 가장 성공적으로 상업화한 것이 바로 여러분이 즐기는 피자와 햄버거입니다.

마지막으로 하나 더. 빵이 왜 '빵'으로 불리게 되었는지 알아보겠습니다. 우리가 쓰는 단어인 '빵'은 '빤'의 포르투갈식 발음이죠. 포르투갈은 유럽 국가 가운데 최초로 인도양을 거쳐 아시아로 가는 항로를 발견한 나라였죠. 후추를 발견하기 위한 항로였다고 해서 '스파이스 루트'라고도 불립니다. 16세기 포르투갈의 상인은 이 항로를 통해 일본에 옵니다. 당연히 포르투갈 말인 '빵'도 따라왔겠죠? 그렇게 '빵'은 일본을 거쳐 우리나라에 들어옵니다. 무려 수천 년에 걸쳐 지구를 한 바퀴 돌아서 우리를 찾아온 셈이죠. 빵은 정말 빵빵한 스토리를 가지고 있죠?

# 밀가루 삼 형제 분투기, 강력·중력·박력

밀가루는 중력, 강력, 박력의 세 가지 종류가 있습니다. 이름이 독특하죠? 요리를 처음 시작할 때는 이런 밀가루 이름이 너무도 신기했어요. 강력한 강력분과 박력 있는 박력분이 맞붙으면 누가 이길까, 그런 생각을 하게 됐죠. 사전을 찾아보니 결과가 나왔습니다. 강력분의 승리였죠. 강력은 말 그대로 강력(强力·strong)이에요. 딱딱한 밀을 주원료로 사용해 점성이 뛰어나죠. 그래서 강력분은 주로 빵을 만드는 데 쓰입니다. 박력은 엷을 박(薄)자를 써요. 부드러운 연질 밀을 사용합니다. 과자를 만드는 데 주로 씁니다. 중력은 가운데 중(中)자로 강력분과 중력분의 사이에 있습니다. 국수를 만드는 데 쓰입니다. 이 중에서 우리나라에 수입이 가장 많이 되는 밀가루는 중력분입니다. 국수를 많이 먹기 때문이죠.

밀이 식탁에 오르는 과정은 종류만큼이나 복잡합니다. 껍질과 씨눈이 매우 단단하기에 빚어진 일이에요. 쉽게 가루로 낼 수가 없었습니다. 연구가 필요했어요. 유럽인들의 주식이었던 밀의 가공이 이처럼 까다롭다 보니 기계 공업이 발달했다는 설이 있을 정도입니다.

예전에는 밀가루가 지금처럼 하얗지 않았습니다. 분쇄가 완벽하게 안 됐기 때문이에요. 하얗게 보이려고 표백제를 사용했을 정도입니다. 제분업이 발달하면서 밀가루를 아주 고운 입자로 만들 수 있게 되었지요. 여기서 몇 가지 오해가 생깁니다. 즉, 예전처럼 하얗게 보이려고 표백제를 쓰는 게 아니냐는 거예요. 사실은 그렇지 않습니다. 예전보다 곱게 갈려 입자가 작아진 탓에 빛의 반사율이 높아지면서 하얗게 보이는 겁니다. 오랫동안 보관하려고 방부제를 뿌린다는 얘기도 있습니다만 사실이 아닙니다. 밀가루는 수분 함량이 15퍼센트 정도밖에 안 되기 때문에 방부제를 뿌리지 않아도 잘 썩지 않습니다. 생명체를 썩게 하는 미생물은 수분을 필요로 합니다.

밀가루에 벌레를 넣어 두면 죽는다는 사실을 들어 농약을 친다는 오해가 있는데 이는 밀가루 입자가 작아서 벌레의 호흡기인 기문을 막기 때문에 생기는 일입니다.

다만 한 가지, 밀가루 안의 단백질 성분인 글루텐은 알레르기를 일으킬 수 있다고 합니다. 밀가루가 몸에 맞지 않는 사람이 있을 수 있다는 뜻입니다. 빵이나 국수만 고집하지 말고 쌀이나 잡곡 등으로 탄수화물을 고르게 섭취하는 것이 정답일 듯싶습니다.

## 세상에서 가장 쉬운 빵 만들기

### 남미의 전통 빵, 토르티야

남미의 전통 빵, 토르티야를 만들어 봅시다. 너무 쉬워서 당황하실지도 모르겠어요. 발효 과정이 생략된 빵은 쉽습니다. 부침개나 전을 생각하면 돼요.

재료(1인분): 밀가루 종이컵 반 잔(100그램), 우유 4분의 1잔 (50밀리리터), 버터 20~30그램.

1. 냄비에 버터를 넣고 약한 불에 3~4분 정도 녹여 액체 상태로 만듭니다.

2. 그릇에 밀가루와 녹인 버터, 소금을 약간 넣고 우유를 조금씩 넣어 주며 반죽합니다. 우유를 한꺼번에 많이 넣으면 반죽이 질어질 수 있기 때문에 농도를 조절합니다. 반죽은 찰흙과 같이 동그랗게 잘 말리면서도 손가락을 찔렀을 때 반죽이 안 묻어날 정도의 점성이면 됩니다.

3. 반죽에 랩을 씌워서 냉장고에 넣고 한 시간가량 숙성시키면 더 맛이 납니다. 물론 그냥 해도 상관은 없습니다.

4. 반죽을 2등분 해서 조금씩 떼어 냅니다. 밀대로 방향을 바꿔 가면서 얇게 밀어 동그란 모양을 만듭니다. 밀대가 없으면 병을 이용하면 되는데 평평한 와인 병이 제일 좋습니다. 밀대에 붙지 않게 식용유를 반죽에 살짝 발라줍니다.

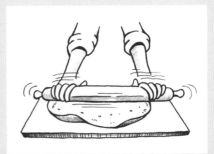

5. 기름을 두르지 않은 프라이팬에 반죽을 올리고 약불로 10분 가량 노릇하게 굽습니다.

6. 다양한 야채와 닭고기, 새우 등을 넣고 칠리소스나 겨자를 뿌립니다. 단단하게 말아서 랩이나 포일로 고정해서 먹습니다.

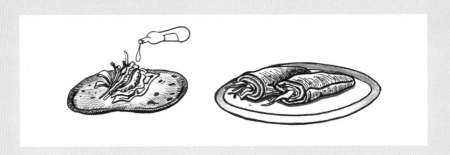

## 인도 전통 빵, 난

토르티야로 빵 만들기에 자신감이 생겼나요? 그러면 이번에는 난(nan)에 도전해 봅시다. 난과 토르티야 모두 납작하다는 공통점이 있지만 난은 발효를 한 것이라는 점에서 차이가 있습니다. 드라이이스트나 베이킹파우더로 발효시킵니다. 이스트가 효모를 쓴 거라면 베이킹파우더는 화학 물질을 이용해서 빵을 팽창시킵니다. 이스트는 주로 빵에, 베이킹파우더는 과자에 써요. 이스트는 베이킹파우더에 비해 사용하기가 약간 번거롭습니다. 이스트의 효모를 활성화하기 위해서 따뜻한 물에 불려야 하고 숙성 기간을 거쳐야 하기 때문입니다. 여기서는 베이킹파우더를 써 볼게요.

재료(1인분): 밀가루 종이컵 반 잔(100그램), 플레인 요구르트 한 통, 베이킹파우더 반 티스푼.

1. 밀가루에 요구르트와 베이킹파우더를 넣어서 반죽합니다. 묽기를 보면서 요구르트를 넣으면 됩니다. 따로 물은 넣지 않습니다.

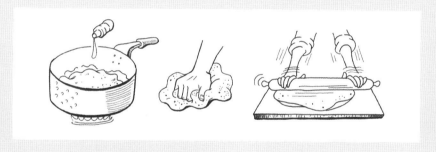

2. 반죽이 다 됐으면 랩으로 싸서 한 시간 정도 따뜻한 곳에 놓아둡니다. 토르티야와 달리 발효를 했기 때문에 휴지 과정이 꼭 필요합니다.

3. 반죽을 2등분 해서 밀대로 밀어 동그랗게 만든 후 중불에 달군 프라이팬에 기름 없이 반죽을 올립니다. 약간 노릇노릇 구워 내는 게 요령입니다.

4. 굽기 전에 올리브기름과 마늘을 갈아서 얹어 후라이팬에 올리면 갈릭 난이 됩니다. 쪽파나 파슬리를 얹으면 더 향기롭습니다.

난까지 무리 없이 소화했다면, 과자나 영국식 전통 빵인 스콘(scone)을 만들 수 있습니다. 저는 메밀에 파와 마늘 그리고 치즈를 넣어서 구운 스콘을 좋아합니다. 밀가루보다 빠삭빠삭한 데다 감칠맛이 나거든요. 스콘을 구울 줄 알면 웬만한 빵은 만들 수 있습니다.

토르티야-난-스콘-빵으로 이어지는 여정은 사실 역사상 빵의 진화 과정과 일치한답니다.

# 8. 술−신의 축복과 광기 사이

"한잔 먹세그려 또 한잔 먹세그려.
꽃 꺾고 산 꺾어 놓고 무진무진 먹세그려."

—송강 정철 「장진주사」[5] 중에서

요즘 막장 드라마가 유행이죠. 부모가 진짜 부모가 아니고 형제 자매가 진짜 형제 자매가 아닙니다. 빤한 스토리의 막장 드라마를 우리는 참 열심히 봅니다. 이런 막장 드라마 원조는 따로 있습니다. 바로 그리스 신화예요. 막장의 극치입니다. 여기에 비하면 요즘 드라마는 어린이 프로그램 수준이에요.

우리의 주인공, 막장의 으뜸 신 제우스를 볼까요. 제우스는 자매는 물론이고 자식, 손녀와도 아이를 낳습니다. 가끔은 소나 사슴·독수리 같은 짐승으로 변해서 사랑을 나누기도 하죠. 황당하죠. 그래도 명색이 신인데, 도덕심 같은 건 아예 없습니다(근친결혼은 다른 지역 신화에서도 공통적으로 발견되는 특색입니다).

5 '장진주(將進酒)'는 '술 한 잔 들이키다'라는 뜻입니다.

## 술의 신화

술의 신이자 축제의 신인 디오니소스(로마 이름은 바쿠스) 역시 출생의 비밀이 있습니다. 제우스는 테베의 왕 카드모스의 딸인 세멜레를 사랑하게 됩니다. 세멜레는 제우스의 아이를 가졌고 이를 눈치 챈 제우스의 아내 헤라는 질투심에 불탑니다.

변신의 여왕 헤라는 세멜레의 하녀로 변신해 세멜레의 호기심을 부추깁니다. 하녀는 "마님, 그분이 진짜 제우스인지 어떻게 알아요? 사기꾼일 수도 있잖아요"라고 속삭입니다. 의심이 생긴 세멜레는 그날 밤 찾아온 제우스에게 진짜 제우스라면 갑옷을 입은 모습을 보여 달라고 합니다. 하지만 신의 갑옷은 인간이 감당할 수 없는 강력한 빛과 열을 내뿜습니다. 제우스도 이를 알고 있었지만 연인의 의심을 감당할 수 없었기에 눈물로 갑옷을 입습니다. 갑옷을 본 세멜레는 단숨에 재가 됩니다. 헤라로서는 최고의 복수를 한 셈입니다. 요즘 드라마라면 시청률이 엄청 오르겠죠. 언론에는 당장 '패륜의 극치, 그러나 시청률은 최고'이런 기사가 뜰 겁니다.

시청률이 좋은 드라마는 계속 속편을 내놓습니다. 디오니소스 이야기도 마찬가지지요. 세멜레는 죽을 당시 임신 중이었습니다. 제우스는 죽은 세멜레의 뱃속에서 태아를 꺼내 자신의 허벅지에 넣고 꿰매지요. 달이 차오르자 아이가 태어납니다. 그 아이가 바로 디오니소스입니다. 제우스는 헤라의 질투를 피해 디오니소스를 요정에게 넘겨 줍니다. 요정들 손에서 자란 디오니소스는 곡식 키우는 법과 포도주 만드는 비법을 배웁니다.

자, 이야기는 이렇게 끝나는 걸까요? 그럴 리가 없습니다. 반전이 기다리고 있어요. 헤라는 결국 디오니소스를 찾아내 그를 미치광이로 만듭니다. 디오니소스는 미쳐서 방랑을 시작하죠. 소아시아와 아프리카는 물론 인도까지 떠돌게 됩니다. 그 과정에서 지역 사람들에게 포도주를 만들게 하고 식물과 동물의 성장을 도우면서 인간이 가장 숭배하는 신이 됩니다. 지중해 인근 국가에서 태양의 신인 아폴론과 함께 강력한 신으로 부상합니다. 디오니소스는 그리스 말로 '뉘소 산의 제우스'라는 뜻입니다. 그만큼 추앙을 받았다는 것입니다. 덕분에 그는 죽은 어머니 세멜레를 이승으로 데려와

신으로 만들고 자신도 그리스의 12신 자리에 오릅니다. 디오니소스를 미워하던 헤라도 백성들의 광적인 지지를 받는 디오니소스를 반대하지는 못합니다. 이 정도면 정말 멋진 해피엔딩이죠?

## 포도주의 매혹

포도는 중앙아시아가 원산지입니다. 그러니 술의 신 디오니소스가 그 지역의 신이 된 것은 당연한 일이겠죠? 포도는 높은 양분 때문에 스스로 발효를 합니다. 과일에 함유된 포도당이 발효하면 알코올 즉, 술이 되지요. 술은 이전의 그 어떤 음식도 가져다준 적 없는 쾌락을 줍니다. 인간의 눈에 이 기적

의 과일이 신의 축복으로 비친 것은 당연합니다. 하지만 과음은 건강에 좋지 않습니다. 술을 많이 마시면 이성을 잃지요. 디오니소스가 미쳤다는 사실은 이러한 술의 특성을 상징합니다. 디오니소스의 곡절 많은 인생 드라마는 결국 술의 매혹과 광기를 보여 주는 것이죠. 다른 지역에서 추앙받던 디오니소스가 그리스의 신이 된 것은 100퍼센트 포도주의 후광 덕분입니다.

그리스 사람들은 수확의 계절이 오면 풍요로움을 찬미하며 축제를 벌였습니다. 그 자리엔 항상 춤과 음악 그리고 포도주가 있었지요. 그런데 왜 하필 포도주였을까요? 술은 보리나 밀 같은 곡물로도 만들 수 있는데 말이죠. 이

는 그리스의 기후와 관련이 있습니다. 여름에 매우 건조하고 겨울에 비가 내리는 지중해성 기후였던 탓에 그리스는 포도, 올리브가 주요 작물이었습니다. 대신 밀과 보리를 수입해서 먹는 상업 국가였지요.

술은 곡물로도 만듭니다. 그런데 당장 먹을 양식으로 술을 만들 수는 없습니다. 맥주를 '마시는 빵'으로 부르는 것을 보면 알 수 있습니다. 빵에 물을 섞어 두면 저절로 발효해서 술이 된다는 것을 알고 있었지만 그럴 수 없었던 거죠. 곡물을 수입해다 먹는 그리스인들이라면 더더욱 어려웠을 겁니다. 대신

포도로 술을 만들었을 거예요.

그리스 문명에서 술은 축제와 연결되었습니다. 그러다가 종교적인 색채를 띠게 되지요. 희생과 찬미의 수단이 됩니다. 기독교에서 포도주는 특별한 의미가 있습니다. 예수가 최후의 만찬에서 빵과 포도주를 제자에게 주며 이것은 "내 몸과 내 피다"라고 말합니다. 이후로 빵과 포도주는 기독교에서 가장 중요한 음식이 되지요.

포도주는 과일주입니다. 스스로 발효를 합니다. 원숭이가 포도가 발효된 물을 마시고 취해 있는 것을 보고 인간이 포도주를 만들었다는 전설은 어느 나라나 비슷하게 전해져 옵니다. 포도주는 신석기 시대 유물에도 남아 있습니다. 1만 년 전부터 마셨다는 것이죠.

동양에서는 곡식으로 만든 술이 유행합니다. 우리가 먹는 청주나 막걸리가 그렇죠. 포도주처럼 과일의 당분이 효모균에 의해 술이 되는 과일주보다는 한 단계 발전한 술이라고 할 수 있습니다. 곡식의 전분을 포도당으로 바꿔 주는 과정이 필요하거든요.

## 맥주의 기원

곡식을 원료로 하는 술 중 가장 오래된 맥주의 기원은 메소포타미아로 추정됩니다. 길어야 기원전 5000년쯤입니다. 이집트 신화에서 농업의 신인 오시리스가 포도주를 마시지 못하는 곳에 맥주를 전해 줬다는 대목이 있다고 합니다. 포도주보다 맥주의 발견이 더 늦었다는 이야기일 것입니다. 유럽에서도 맥주가 본격적으로 퍼진 것은 맥아와 홉을 섞는 방법이 발견된 8세기 이후로 알려져 있습니다.

그런데 여기서 눈여겨볼 점은 포도주와 관련한 신화는 이렇게 생생한데 맥주와 청주에는 왜 신화가 없을까 하는 겁니다. 고대 그리스부터 시작해 기독교로까지 이어진 포도주의 신화를 보면 궁금증이 생길 만합니다.

곡식으로 만든 술에 포도주처럼 멋진 신화가 없는 것은 인간의 이성이 작용했기 때문일 겁니다. 포도주는 효모균이 저절로 알코올 성분을 만들지만 청주는 인간이 누룩이라는 발효제를 이용해 만듭니다. 고대인들의 상상력이 개입할 여지가 포도주에 견줘 적었던 것이죠. 내 손으로 만드는 것하고 저절로 만들어지는 것의 차이라고 할까요.

역사적인 맥락도 있습니다. 그리스 신화는 로마 신화로 이어지고, 로마의 문화는 유럽 각국으로 퍼집니다. 여기에 포도주를 신성화한 기독교 문화가 합쳐지면서 포도주와 관련된 많은 신화가 생긴 것이죠. 맥주를 만든 바빌론이나 이를 이어받은 이집트의 신화가 그리스 신화처럼 후대에 광범위하게 퍼지지 않았고 이들 국가가 근대화에 뒤처진 점도 오늘날 맥주에 대한 신화가 생생하지 않은 이유일 수 있겠죠.

세계를 지배했던 유럽의 신화가 널리 퍼진 것을 보면 신화가 국력에 비례한다는 생각이 들어요. 단군 신화를 비롯한 우리의 고대 신화는 지금 어떤 대접을 받고 있을까요? 우리의 전통술에도 멋진 이야기가 녹아 있었을 텐데, 다만 전해지지 않았던 건 아닌지 하는 아쉬움이 듭니다.

## 술, 한국 사회 피곤의 그림자

우리나라는 술 권하는 사회입니다. 경제협력개발기구(OECD) 국가 가운데 술 소비량 3위, 독주 소비량 세계 1위입니다. 2011년까지 11년 연속 증류주 판매 1위인 회사도 보유하고 있습니다. 왜 이렇게 많이 마시는 걸까요?

우리나라는 매우 가난했습니다. 먹고살 것은 없는데 인구는 많았지요. 그러다 보니 과거부터 경쟁이 치열했습니다. 그리고 그 치열한 경쟁을 뚫는 방법은 오로지 공부라고 생각했습니다. 죽도록 사서삼경을 외웠습니다. 당시엔 중국이 최고였으니까요. 세계 정치·경제의 흐름을 도외시한 채 중국의 그늘에 있던 조선은 결국 일본의 식민지로 전락합니다. 그리고 1945년 극빈국의 상태로 해방을 맞았습니다. 해방의 기쁨도 잠시 한국전쟁으로 국토는 폐허로 변합니다. 만약 여기서 좌절했다면 우리는 지금도 가난한 나라의 처지에서 벗어나지 못했을 거예요. 그런데 전쟁 이후 우리나라가 공산주의와 대립하는 최전선이 되면서 미국을 비롯한 서방 세계의 원조가 쏟아졌습니다. 이 원조금을 산업화에 투입했고 국민들이 열심히 일한 덕분에 '근대화'를 이룹니다. 다른 나라에서 200년 넘게 걸려 이룩한 일을 불과 20~30년 만에 해치웠다며 '한강의 기적'이라고 합

니다. 그렇다면 이 기적의 비결은 뭐였을까요?

열심히 일했기 때문입니다. 값싼 노동력이 '근대화'의 원동력이었지요. 1960년대는 여성 노동자들이, 70년대는 건설 노동자들이, 80년대는 자동차·중공업 노동자들이 밤낮없이 일했습니다. 하루 8시간 노동이요? 당시 그건 사치였습니다. 야근에 철야·특근으로 밤을 새워 일하기도 했습니다. 먹고살기 위해서였죠. 그렇게 하지 않으면 회사 생활을 할 수 없었습니다. 수많은 노동자들이 근로 기준법을 준수하라고 싸웠지만 지금도 우리나라는 OECD 국가 가운데 최장의 근로 시간을 자랑합니다. 쉬지 않고 일만 하면 어떻습니까? 사람인 이상 지치고 힘들 수밖에 없습니다. 피로가 쌓이죠. 인간은 기계가 아니니까요. 사람들은 술로 피로를 잊은 겁니다.

사회가 '근대화'되면서 부작용도 커집니다. 빈부 격차가 심해지지요. 누구는 온종일 일해도 가난한데 누구는 땅 투기, 주식 투자 등으로 하루아침에 부자가 됩니다. 정상적인 방법이 아닌 편법과 반칙으로 성공하는 사람이 늘어가면서, 술은 사회 불만을 어루만지는 마취제 역할을 했습니다. 술을 마시며 불공정한 사회에 대한 분을 삭였다고 할까요.

농경 시대의 음주 전통이 이어 온 것도 술을 마시게 한 원인이었습니다. 또 남성 중심의 유교 전통은 술로 인한 실수나 폐해에 관대했습니다. 술에 취해 싸워도 길거리에서 실수를 해도 남자가 그럴 수도 있지 하며 넘어갔습니다. 오히려 이것을 안줏거리로 술을 마시기도 했죠. 만약 중동의 나라들처럼 술 마시는 것을 금기시하는 문화였다면 달랐을 겁니다.

한때 인간에게 '신의 축복'이자 종교였던 술은 근대화 이후 '문제아'가 되었습니다. 술의 폐해는 이루 말할 수가 없습니다. 사회적으로 1년에 수십조 원의 음주 피해가 발생하는 것은 물론이고 개인적으로는 건강에 심대한 타격을 입습니다.

술은 뇌를 자극합니다. 간에서 술을 분해하면서 나오는 암모니아 성분에 노출되면서 뇌의 기능이 떨어지는 것이죠. 적당한 음주는 긴장을 풀어 줍니다. 문제는 항상 과음이에요. 술자리에서 있었던 일을 기억하지 못하는 일이 생깁니다. 나중에는 술을 마시지 않았는데도 망상에 사로잡힙니다. 뇌가 제 기능을 못하게 되는 것이죠. 몸의 독소를 분해하는 간에도 좋지 않은 영향을 미칩니다.

술은 디오니소스의 양면성을 가지고 있습니다. 축제와 광기 사이에서 무엇을 택할 것이냐는 전적으로 개인의 몫이라고 생각해요. 하지만 개인이 아무리 술을 안 먹으려고 해도 회식이다 기념일이다 해서 술을 권하는 문화가 존재한다면 누구도 술에서 자유롭지 못할 거예요. 우리의 술 문화는 지금 어떤가요?

## 술보다 천연 발효 식초

식초는 술의 사촌쯤 됩니다. 둘 다 곡식과 과일을 발효해서 만들기 때문입니다. 술을 공기에 노출시키면 아세트산 균이 번식하면서 식초가 됩니다.

식초는 살균성이 강해 대부분의 병원균을 죽입니다. 그래서 음식을 식초에 담가 두면 오래 보관할 수 있습니다. 또 식초는 초산·구연산 등 몸에 좋은 성분이 있는 데다 젖산을 분해하는 효과가 뛰어납니다. 젖산은 보통 소변으로 배출되지만 분해되지 않은 것은 근육에 쌓여 통증을 유발합니다.

식초는 카페인 음료만큼 각성 효과가 강하면서 몸에 좋은 음식입니다. 단, 천연 발효 식초여야 합니다. 식초에는 양조 식초와 화학 식초가 있습니다. 양조 식초는 곡식이나 과일을 자연 발효시킨 것이고 화학 식초는 에틸알코올에 빙초산을 섞은 것입니다. 이건 여러 가지 화학 물질을 첨가해서 건강에 해로워요. 문제는 양조 식초 중에서도 발효 속도를 인위적으로 높인 것들이 있는데 비타민과 구연산이 충분하지 않아 이 또한 건강에 도움이 되지 않습니다.

식초 뒷면의 성분표를 보면 알 수 있습니다. 가령 '사과 발효 식초'라고 적혀 있으면 사과를 발효한 식초이지만 그냥 '사과 식초'라고 표기되어 있다면 곡식을 급속 발효시킨 후 여기에 사과 과즙을 섞은 식초라는 뜻입니다. 또 성분표에 '주정'이 적혀 있다면 소주처럼 고구마나 감자로 만든 알코올(주정)로 식초를 만든 후 물로 희석했다는 뜻입니다.

식초 음료를 만드는 법은 아주 간단합니다. 자연 발효 식초에 생수를 1대 3 비율로 섞어서 마시면 됩니다. 좀 더 진한 맛을 원한다면 1대 2의 비율도 괜찮습니다. 시큼할 수 있기 때문에 꿀이나 요구르트를 넣으면 맛이 좋습니다.

# 3장
# 중세, 유럽은 어떻게
# 세계를 지배하게 되었나?

# 9. 후추 – 유럽을 역사의 무대로 끌어내다

> "그래, 후추는 가져왔는가?"
>
> – 스페인 이사벨라 여왕이 서인도 제도를 발견하고 돌아온 콜럼버스에게 한 말

후추의 원산지는 인도입니다. 지금은 비행기를 타면 금방 가지만 고대 서양인들에게는 목숨을 걸고 가야 닿을 수 있는 머나먼 땅이었죠. 후추 열매를 말린 향신료 후추는 서양인에게 갈망의 대상이자 대항해 시대를 연 원동력이 되었습니다.

저는 어릴 때부터 후추를 무척 좋아했습니다. 구운 소고기 등심이나 설렁탕 국물에 후추를 치면 훨씬 맛이 있어집니다. 심지어 라면에 후추를 뿌려 먹어도 맛이 있습니다. 도대체 후추가 뭐길래? 이런 생각으로 한 숟가락 떠서 먹어 보기도 했습니다. 맛이 어땠느냐고요? 따라 하지 마세요. 그냥 쓰고 맵습니다.

## 최고의 향신료

후추의 매력은 맛 자체가 아니라 향기에 있습니다. 독특한 향 때문에 후추

는 지금도 세계 향신료 시장의 4분의 1을 차지하고 있습니다. '후추'라는 이름이 붙은 것은 이 열매가 중국을 거쳐 우리나라에 들어왔기 때문입니다. 호국(胡國)에서 건너온 산초(山椒)라는 뜻입니다. '호국'은 중국을 말합니다. 중국 종 배추를 '호(胡)배추'라고 부르는 것과 비슷합니다. 비슷한 단어로 호빵·호떡도 있네요. 산초는 우리나라에서 각지에 분포하는 관목인데 이것의 열매가 향신료로 쓰였습니다. 추어탕에 빻아 넣는 가루가 바로 산초 가루예요. 후추보다 시고 더 자극적인 맛이 있습니다.

서양 사람들은 왜 후추에 열광했을까요? 서양인들의 주식이 고기였기 때문입니다. 고기는 피 냄새 때문에 양념 즉, 향신료가 없으면 먹기 힘든 음식입니다. 게다가 목축은 건조한 지역에서 주로 합니다. 건조 지역은 열대 지역처럼 다양한 식물들이 존재하지 않기 때문에 향신료를 구하기가 어렵죠. 멀리서 구해 올 수밖에 없습니다.

서양인들의 후추 사랑은 로마 제국에서부터 시작됩니다. 북유럽을 제외한 유럽의 모든 나라를 지배했던 로마는 물산이 풍부한 동방과 교류를 했습니다. 당시 세계 최고의 생산력을 가진 중국은 물론이고 종교의 발상지이자 세계 2위의 생산력을 가졌던 인도와도 교류했습니다. 그러다 후추라는 기가 막힌 향신료를 알게 된 것이죠. 후추는 당시 유럽인들이 고기의 독특한 누린내를 없애기 위해 썼던 토속적인 허브들에 견줘 뛰어난 효과를 자랑했습니다 (우리나라는 후추가 필요 없었던 몇 안 되는 나라 중 하나였습니다. 후추만큼이나 강력한 된장과 간장이 있었죠. 이들 양념은 동물의 내장인 곱창의 누린내까지 없애 주는 강력한 탈취 효과를 가지고 있습니다).

로마 시대에 후추는 매우 귀한 음식이었습니다. 당시 후추 한 알이 같은 무게의 금값보다 비쌌을 정도였으니까요. 귀족들은 고깃국에 후추만 잔뜩 갈

아 넣은 '후추탕'이란 괴이한 음식을 만들어 자신의 재력을 과시하기도 했답니다. 서양인들의 후추 사랑은 시대가 흐르면서 점차 광기로 변해 갑니다.

## 유럽의 문화적 충격

1095년 서유럽 국가들은 중동의 이슬람 국가에 대항하여 십자군 전쟁을 시작합니다. 당시 유럽은 서양인들이 스스로 '암흑의 시기'로 부를 만큼 낙후된 시대였습니다. 생산력은 물론 지적 수준도 동양에 견줘 한참 떨어졌습니다. 지혜의 보고인 고대 그리스의 고전들은 사라지고, 오히려 아랍인들이 번역해 읽고 있었습니다. 아랍에서 수학과 과학적 지식이 넘쳐나고 있을 때 서양은 이단 논쟁이나 벌이면서 시간을 허비하고 있었습니다.

전쟁의 명분은 성지 탈환이었습니다. 가난한 유럽의 제후들에게 기독교의 성지인 예루살렘을 탈환하러 가자는 교황의 제안은 솔깃한 것이었습니다. 땅 욕심도 있었고 로마의 도시 국가들이 독점하던 동양 문물에 대한 호기심도 제후들을 자극했죠. 이들은 역사상 처음으로 동로마 제국 저편에 있는 '상상 의 땅'이던 아시아에 발을 들여놓습니다.

현재의 터키와 이라크·시리아·레바논에 걸친 바빌론 땅은 원래 고대 농업 의 발상지입니다. 그만큼 땅이 비옥하며 다양한 종류의 작물이 재배되고 있 었습니다. 인도·중국과 유럽을 잇는 지리적 이점 때문에 물산이 풍부한 곳이 기도 합니다. 이런 풍부한 생산력을 바탕으로 아랍은 유럽과 달리 발달한 철 학과 과학을 소유하고 있었습니다. 특히 종교와 과학을 분리해 생각하는 합 리성을 가지고 있었습니다.

당시 유럽의 제후들은 문화적 충격을 받습니다. 십자군 전쟁은 겉에서 봤 을 때는 종교 전쟁이었지만 이면은 문화적 후진국에 의한 약탈 전쟁이라고 할 수도 있습니다. 일본이 임진왜란 때 우리나라의 문화재와 도공들을 약탈 해 간 것과 비슷합니다.

서양의 역사책은 십자군 전쟁을 독실한 신앙심과 '기사도'로 찬양합니다. 반면 아랍의 역사책은 십자군이 아랍인들을 살해하고 심지어 인육까지 먹었 다며 '기사도'의 야만성을 고발하고 있습니다.

역사는 관점에 따라 전혀 다른 식으로 해석될 수 있습니다. '기사도'는 유 럽 각국이 산업 혁명 이후 제국주의로 성장하면서 자신의 역사를 미화할 때 이용됩니다. 영화 속 낭만적인 기사의 이미지는 실제라기보다 필요에 따라 만 들어진 거라는 이야깁니다.

200년간 전쟁을 벌였지만 유럽 제후들은 결국 예루살렘을 탈환하지는 못 합니다. 하지만 전쟁의 파급 효과는 대단했지요. 이때부터 유럽은 적극적으로 동양의 문물을 수입합니다. 아랍 어로 번역된 그리스의 철학과 과학이 다시 유럽으로 밀려들어 오죠. 이런 토대가 르네상스를 가져옵니다.

반면 침략을 받은 이슬람은 결속을 강화하는 계기가 됩니다. 유럽에 맞서 강력한 제국을 형성하게 되지요. 소아시아를 중심으로 오스만 제국이 등장합니다. 이들은 1453년 동로마 제국의 수도 콘스탄티노플(현재의 이스탄불)을 함락하고 동로마 제국을 멸망시킵니다. 이로써 유럽인들은 기독교의 성지인 예루살렘은 물론 동양과 접촉하는 통로를 잃어버립니다.

위기는 기회라고 했나요? 이런 상황에서도 베네치아 상인들의 상술은 빛났습니다. 로마의 후예들인 그들은 십자군 전쟁 이후에도 여전히 동양의 향신료를 독점 수입했습니다. 베네치아뿐만 아니라 이탈리아의 많은 도시 국가들이 이런 식으로 부를 쌓아 갔어요. 멀뚱거리며 지켜볼 수밖에 없었던 다른 나라들은 배가 아팠습니다.

당시 유럽의 패권을 다투던 프랑스와 영국이 그런 나라의 대표격이었지만, 행동으로 이탈리아를 견제하고 나선 것은 의외로(?) 당시 유럽에서 삼류 취급을 받던 포르투갈이었습니다.

## 인도로 간 포르투갈

포르투갈은 스페인과 함께 아랍의 지배를 받았던 나라입니다. 아랍이라면 자다가도 벌떡 일어나는 나라였지요. 상처가 있었으니까요. 포르투갈의 왕자 동 엔히크(1394~1460)는 아랍의 위협으로부터 자신들을 구할 사제왕 요한(Prester John)을 찾으러 다녔습니다. 이 전설의 왕은 중세 때 동방 어딘가에 풍요로운 기독교 왕국을 세운 것으로 알려졌습니다. 기독교를 전파하고자 이슬람과 투쟁을 계속하고 있는 것으로 유럽에 알려졌지요. 물론 전설이지만 당시에는 이걸 진지하게 믿는 사람들이 많았습니다. 때로는 오스만 제국의 후방인 중앙아시아에서 오스만 제국을 괴롭히고 있는 몽고의 왕이 사제왕 요한이라고 생각하기도 했습니다. 홍해 건너편에 있는 아프리카의 에티오피아 왕이 요한일지도 모른다고 생각하기도 했죠.

엔히크 왕자도 그런 사람 중 하나였습니다. 그는 북아프리카의 전략적 요충지인 모로코의 세우타를 정복하고 사하라 사막 건너편의 사제왕 요한이 산다고 생각한 에티오피아의 존재를 알게 됩니다. 그리고 사하라 사막을 건너 진귀한 아랍의 물건을 가져오는 대상(隊商)도 그의 호기심을 자극합니다. 그는 아프리카 저편으로 가는 방법으로 낙타 대신 배를 선택하고 이를 위해 1419년 항해 학교까지 만들었습니다.

엔히크의 명으로 포르투갈의 탐험가들은 당시 죽음의 바다로 알려진 북회귀선을 넘어 항해하게 됩니다. 그리고 마침내 아프리카 대륙의 남쪽 끝 아굴라스곶의 희망봉을 발견합니다. 희망봉을 지나 북쪽으로 올라가면 인도양입니다. 아프리카 대륙을 빙 둘러 그토록 갈망했던 후추의 나라, 인도로 가는 길이 열린 것입니다. 이로써 그동안 지중해 무역으로 향신료를 독점했던 이탈리아 도시 국가들의 영광에도 금이 가게 됩니다. 스스로 개척한 항로를 통해 인도에서 직접 향신료를 유럽으로 가져온 포르투갈은 수십, 수백 배에 이르는 이익을 남기며 부자 나라가 됩니다. 후추만 판 게 아닙니다. 아프리카에 도착한 그들은 흑인들을 잡아 노예로 팝니다. 자신들이 그토록 두려워하던 이슬람이 전쟁 포로를 노예로 팔던 걸 그대로 모방한 겁니다(이슬람은 로마를 모방했겠죠).

중국과 교류해 마카오에 무역관을 여는가 하면 유럽에 '황금의 나라'로 알려진 일본과도 무역을 합니다. 이 시기 일본은 포르투갈 상인들로부터 총을 구입합니다. 일본은 전국 시대에 이 소총을 독자적으로 개량해 세계 최초의 소총 부대를 만듭니다. 오다 노부나가는 이 소총 부대로 일본을 통일하죠. 오다 노부나가의 뒤를 이어 집권한 도요토미 히데요시는 그 총구를 이웃 나라 조선으로 돌립니다. 그래서 임진왜란이 일어납니다. 후추는 우리나라에도 엄청난 영향을 미친 겁니다.

사촌이 땅을 사면 배가 아프다고 했나요? 이탈리아의 도시 국가들을 시샘하던 포르투갈이 크게 성공하자, 국경을 맞댄 스페인이 힘들어합니다. 포르투갈은 한때 스페인의 식민지였거든요. 항로를 개척했을 뿐인데 저렇게 인생이 역전되다니, 놀랐겠죠. 스페인의 여왕 이사벨라가 새로운 항로를 찾겠다며 투자를 요구한 이탈리아인 크리스토퍼 콜럼버스에게 후원금을 쥐어 준 것도 이런 이유에서였습니다. 자기들도 '한 건' 하고 싶었던 거죠.

포르투갈이 개척한 새 항로에 대한 정보가 없던 콜럼버스는 그저 지구가 둥글다는 사실 하나만 믿고 무작정 서쪽으로 갑니다. 가다 보면 인도에 도착할 거로 생각했어요.

콜럼버스는 스페인 남쪽 팔로스 항을 출발해 70여 일의 항해 끝에 신대륙에 도착합니다. 드디어 인도구나! 생각했겠지만 그곳은 카리브 해의 한 섬이었습니다. 이후로 세 차례나 신대륙을 찾았지만 원하던 후추는 없었습니다. 대신 그는 원주민들을 노예로 데려왔습니다.

나중에서야 콜럼버스가 발견한 땅이 인도가 아니라 미지의 대륙인 아메리카라는 것이 알려졌습니다. 그의 발견은 중국에서 건너온 인쇄 문화에 힘입어 유럽에 널리 알려졌고 유럽인들은 앞다퉈 신대륙 아메리카로 밀려들어 왔습니다. 유목 국가이자 강력한 군대를 보유했던 유럽인들은 이후 부족 국가로 활이나 청동기 검을 쓰던 아메리카 대륙의 주민들을 학살하고 식민지를 만듭니다. 오늘날의 미국·멕시코·브라질 등의 남북 아메리카 대륙 국가들이 그렇게 해서 생깁니다. 후추는 어떤 사람들에게는 매콤 새콤한 향신료이지만 누구에게는 눈물의 씨앗이었던 것입니다.

# 알아 두면 좋은 향신료의 세계

향신료는 여러 종류가 있습니다. 향과 맛에 따라 쓰임새도 다양하죠. 알면 알수록 신비하고 알싸한 향신료의 세계, 한번 빠져 볼까요?

**후추**: 향신료의 대표 선수로 흑후추와 백후추, 녹후추, 적후추 네 가지가 있습니다. 차이는 가공 방법과 품종의 차이에서 옵니다. 흑후추는 덜 익은 열매를 따서 껍질째 말린 겁니다. 강렬한 향이 일품이죠. 고기 등 구운 요리에 잘 어울립니다. 백후추는 완전히 익은 후 따서 껍질을 벗겨 말린 것으로 은은한 향이 특징입니다. 생선 요리 등에 쓰입니다. 녹후추는 익기 바로 전에 딴 열매로 신선하고 부드러운 향이 납니다. 수프 등에 어울리지요. 적후추는 위의 것들과 품종이 다릅니다. 브라질리언 후추나무의 열매로 나름대로 향이 좋습니다. 샐러드나 생선 요리의 장식용으로 주로 쓰입니다.

**시나몬**(cinnamon): 서양 계수나무의 껍질로 부드러우면서도 고급스러운 향기가 특징입니다. 커피, 케이크, 과일, 아이스크림 어디에도 어울립니다. 시나몬은 호머의 대서사시 「일리아드」에도 등장합니다. 트로이의 왕자 파리스가 스파르타의 여왕 헬레나를 유혹할 때 시나몬 가루를 태웠다는 구절이 있어요. 고대부터 귀하게 쓰였다는 얘기입니다.

**넛메그**(nutmeg): 한자로 육두구(肉荳蔲)라고 합니다. 소화를 돕고 원기를 회복해 줘 자양 강장제로 쓰였습니다. 인도네시아가 주산지로 열대 상록수인 넛메그나무 열매의 씨앗으로 만듭니다. 요리의 잡내를 없애거나 과자, 케이크를 만들 때 쓰입니다. 찐 감자를 으깨 샐러드를 만들 때 넛메그를 넣으면 맛이 한결 좋아집니다.

**고수**: 미나리과에 딸린 한해살이풀입니다. 중국에서는 향채라고 했죠. 빈대 냄새가 난다고 해서 빈대풀로도 불립니다. 우리는 별로 좋아하지 않지만 중국이나 동남아에서는 요리할 때 많이 씁니다. 잎을 말리거나 열매를 갈아서 쓰죠. 특히 고수의 향이 살균 효과가 있다고 해서 더운 나라 음식에는 빠지지 않습니다. 영어권에서는 코리앤더(coriander), 멕시코에서는 실란트로(cilantro)라고 합니다.

이밖에 디저트에 많이 사용되는 바닐라(vanilla), 중동이나 인도의 고기 요리에 쓰이는 커민(cumin), 후추, 시나몬과 함께 3대 향신료로 불리는 정향(丁香) 등이 있습니다. 커민은 카레나 탄두리 치킨에 쓰이고 정향은 과자나 케이크 등에 사용됩니다. 향신료에 따라 음식의 품격이 달라지기 때문에 이를 알면 음식의 세계에 좀 더 깊게 들어갈 수 있습니다.

## 우리도 로마 귀족? 후추탕 만들기

로마 귀족들이 부를 과시하려고 먹었다는 후추탕, 우리도 한번 만들어 볼까요. 가까운 가게에서 후추를 사 옵니다. 예전처럼 금값이 아니니 넉넉하게 사도 좋습니다.

재료(2인분): 후추, 중간 크기 이상 멸치 20마리, 파 흰 뿌리 부분 1~2쪽(없어도 됩니다), 물 800~1000cc, 다시마, 달걀 한 개, 소금, 간장, 김 가루, 마늘 4~5쪽.

1. 후추탕은 후추+달걀탕이라고 생각하면 됩니다. 우선 멸치 육수를 냅니다. 참고로 육수는 요리의 기본이에요. 요리를 잘하려면 육수, 소스, 불 조절, 이 세 가지만 통달하면 됩니다. 여기에 칼질과 근사하게 접시에 올리는 법만 배우면 100점 만점이라고 할 수 있습니다.

멸치에서 대가리와 내장을 뗍니다. 같이 넣으면 국물에서 탁한 맛이 나요(기억하시죠? 요리는 항상 잔손질이 필요합니다). 이걸 접시에 담아 전자레인지에 넣고 1분 30초가량 돌

립니다. 말리는 거예요. 멸치는 마르면 마를수록 국물이 담백해집니다.

　냄비에 800~1000cc의 물을 담고 바싹 마른 멸치를 넣습니다. 2인분이 굵은 멸치 20마리 정도입니다. 이때 다시마도 같이 넣으면 좋아요(없으면 통과). 마늘을 4~5쪽 정도 다져 넣어요. 이제 불에 올립니다. 간은 국간장이나 진간장으로 맞추면 되는데, 저는 개인적으로 국간장을 선호합니다. 간장 대신 소금만으로 간을 내는 사람도 있습니다. 어떤 게 좋은지는 취향에 따라 결정하시면 돼요.

　물이 20분가량 끓고 나면 멸치를 건져 냅니다. 다시마를 넣었다면 끓을 때 건지는 게 좋습니다. 계속 끓이면 국물이 써요. 요리 한 시간 전쯤 물에 미리 담가 놓았다가 건져 내도 좋습니다.

2. 국물이 완성됐죠? 이제 여기에 달걀을 풀어 넣습니다. 그릇에 톡 하고 깬 다음에 젓가락으로 노른자 멍울을 싹 풀어 줍니다. 그리고 냄비 국물에 둘러 넣어 줍니다. 한꺼번에 부으면 멋진 달걀꽃을 볼 수 없습니다. 1~2분 정도 지나

달걀꽃이 잘 피면 불을 끄고 썰어 놓은 쪽파를 넣습니다. 드디어 후추를 뿌릴 차례군요! 인정사정 볼 것 없이 뿌려 줍니다. 후추탕이니까요.

3. 김 가루를 뿌려도 좋습니다. 멸치와 함께 감자나 양파를 넣고 국물을 내도 맛납니다. 끓기 전에 청주 한 큰술을 넣어 보세요. 비린내가 싹 사라집니다. 수제비나 국수를 넣어서 먹어도 맛있습니다. 국수를 넣기 전에 김치를 잘게 썰어 넣으면 맛있는 김치 국수가 됩니다.

# 10. 고기 – 아즈텍과 잉카 제국에 이어 현대인을 무너뜨리나?

> "인류가 지구 상에서 생존할 수 있는
> 확률을 높이는 데에는
> 채식주의 식단으로의 진화만 한 것이 없다."
>
> ─알베르트 아인슈타인

  농경 이전에 수렵이 있었습니다. 인류가 농경 사회로 접어들기까지 지혜와 시간이 필요했지요. 농사에 비해 수렵은 약간의 용기와 조직력만 있으면 가능했습니다. 즉, 인간은 곡식보다 고기를 더 오래 먹어 왔던 것이죠. '그럼 처음부터 고기 얘기를 할 것이지!' 빙고. 이 책을 열심히 읽어 온 친구라면 그리 생각하는 게 당연합니다. 그 이유는 현대로 넘어오면서 다시 고기가 각광 받기 시작했기 때문입니다. 고기에서 곡식으로 건너온 인간의 식생활이 다시 고기로 돌아갔다고나 할까요?

## 값싼 고기의 출현

  인간은 기원전 4000년 전부터 소를 키웠습니다. 메소포타미아나 중국·인도 등 고대 문명 발상지에서 이와 관련한 유적들이 나옵니다. 이들은 오래전

우리는
농업의 아이콘

부터 소를 농사에 이용했습니다. 땅을 갈게 했죠. 소는 인간보다 훨씬 일을
잘했습니다. 사람들은 일 잘하는 소를 신성시하기도 했습니다.

그리스 신화에는 제우스가 황소로 변해 여신과 사랑을 나누거나 또 부인
인 헤라의 눈을 피하기 위해 인간 여자를 소로 변하게 하는 내용이 나옵니
다. 중국 신화에서 농업을 가르친 신농씨는 소의 머리를 하고 있었습니다. 소
는 곧 농업의 아이콘(상징)이었던 것입니다.

인간에게 노동력을 제공했던 소는 한편으론 인간이 먹는 음식이기도 했습
니다. 그러나 일부 나라에서는 종교적 이유를 들어 소를 먹지 못하게 했어요.
인도에서는 소를 신성한 동물로 여겨 원칙적으로 도축을 금지했습니다. 일본

도 앞서 말씀드렸듯이 불교를 신봉했던 왕의 가축 도살 금지령이 있었어요. 여기서 잠깐 재미있는 일화를 하나 소개해 드리죠.

일본인들은 오랫동안 소고기를 못 먹었다고 했잖아요. 그러다 금지령이 풀린 메이지 유신 이후에야 먹을 수 있게 되죠. 그런데 이때도 살과 뼈만 먹었지 내장은 먹지 않았습니다. 일본인들이 이걸 먹기 시작한 것은 한국인들이 이주하면서부터예요. 잘 아시겠지만 소 곱창은 오래전부터 우리나라에서 아주 인기 있는 메뉴입니다. 이 맛을 처음 본 일본인들은 곱창전골에 빠져들었죠. 얼마나 맛있었으면 1990년대 우리나라의 곱창전골을 먹어본 일본 음악인들이 '곱창전골'이라는 록 밴드를 만들기까지 했을까요.

일본에서 요즘 뜬다는 호르몬 라멘도 소 내장으로 만듭니다. 여기서 '호르몬'은 '버린다'라는 뜻의 '호우루'(ほうる)에 물건을 뜻하는 모노(もの)를 더한 합성어예요. '버리는 물건 즉, 소의 내장으로 만든 라멘'이란 뜻입니다.

우리나라에서 소는 살, 뼈, 내장할 것 없이 전체가 아주 귀한 음식 재료였습니다. 50년 전만 해도 사람들 소원이 "흰 쌀밥에 소고깃국을 먹는 것"이었으니까요. 제사나 마을 잔치 때 겨우 먹을 수 있는 음식이었습니다.

유럽도 사정은 마찬가지였어요. 먹을 만한 고기는 소금에 절인 것밖에 없었습니다. 고기는 금방 상하잖아요. 그 자리에서 잡아먹지 않는 이상 고기의 참맛을 즐기기가 어려웠지요. 유럽에서 풍족하게 고기를 즐기게 된 것은 냉동선을 발명한 1877년 이후부터라고 할 수 있어요. 냉동 장치의 발명으로 넓은 목초지를 가진 신대륙에서 값싼 고기가 쏟아져 들어옵니다. 미국의 대평원이나 아르헨티나의 팜파스, 호주 목초지에서 자란 소들이었죠.

목축 기술이 발달하면서 고기는 사실상 공장에서 만들어져요. 그리고 좀더 싼 가격으로 공급하기 위해서 소·돼지·닭들이 비좁은 사육장에서 대량으로 키워집니다. 고기를 가공한 식품들이 다양하게 개발됩니다. 햄, 소시지, 치킨, 햄버거, 오늘날 우리가 소비하는 많은 음식들이 고기를 재료로 합니다. 길거리에 나가 봐도 음식점 가운데 한 집 건너 고깃집입니다.

## 육식과 질병

세상에 공짜는 없는 모양입니다. 그 어느 때보다 쉽게 고기를 먹을 수 있게 된 인류는 예상치 못한 문제에 직면하게 됩니다. 바로 전염병이에요. 가축들은 균이나 바이러스를 사람에게 옮깁니다. 사스(SARS, 중증급성 호흡기증후군)라든지 조류 인플루엔자 같은 질병이 대표적입니다.

엄밀하게 따지면 가축에서 비롯한 전염병은 오늘날의 문제만은 아닙니다.

역사상 가장 파괴력이 컸던 전염병은 천연두입니다. 이집트 미라에서 발견될 정도로 역사가 오래된 질병입니다. 우리나라에서는 '마마'라고 불렸죠. 천연두에 걸리면 고열에 신음하다 얼굴에 열꽃이 오르면서 발진이 생깁니다. 이 발진이 터지면서 얼굴이 현무암처럼 거칠어지는데, 그런 사람을 '곰보'라고 부르기도 했습니다.

천연두를 일으키는 바이러스는 원래 소에서 온 것입니다. 즉, 야생 상태의 소를 인간이 길들여 곁에 두면서 생긴 병입니다. 천연두 백신을 젖소를 짜던 사람의 혈청에서 맨 처음 얻은 것도 이 때문입니다.

천연두는 인류의 역사를 바꿉니다. 후추가 유럽인들에게 아메리카 대륙을 발견하게 한 1등 공신이라면, 천연두는 아메리카 대륙의 선주민에게 죽음을 불러온 재앙이었습니다. 당시 아메리카 선주민들은 천연두 항체가 없었습니다. 만나 보지도 못한 병의 항체를 가질 리가 없죠. 그런데 그 땅에 스페인인이 등장합니다. 그들의 몸을 따라 상륙한 천연두는 아즈텍·잉카 제국 주민들의 목숨을 앗아갑니다.

아메리카 대륙의 선주민들은 왜 천연두 항체를 가지고 있지 않았을까요? 정답은 '소'에 있습니다. 안데스 산맥 고원 지대에서 도시 국가 생활을 하던 남아메리카 대륙 사람들은 소를 키우지 않았던 것입니다. 소가 인간의 거주지로 들어오지 않았기에 천연두에 걸릴 일이 없었던 겁니다. 인간에게 사육당하며 고된 노동을 감당해야 했던 소가 엉뚱한 곳에 가서 복수했다고 해야 하나요?

오늘날 육식을 위한 대량 사육은 식량 문제, 환경 오염 문제를 일으킵니다.

전 세계 옥수수의 3분의 1이 가축 사료로 쓰입니다. 지구 한편에선 여전히 수많은 사람들이 굶주림에 고통받는 상황에서 결코 바람직한 일은 아니죠. 땅도 문제입니다. 브라질 같은 나라는 밀림을 없애고 그 자리에 목초지를 만들고 있습니다. 소를 키우기 위해서예요. 지구의 허파라는 아마존이 소 때문

에 위협받고 있는 거예요. 소에겐 죄가 없어요. 고기를 향한 인간의 집착이 지구를 망치고 있는 겁니다.

생명윤리의 문제도 심각합니다. 혹시 TV를 통해 좁은 공간에서 빽빽이 사육되는 닭, 돼지, 소 등을 본 적이 있나요? 보기만 해도 갑갑한 곳에서 겨우 머리만 내밀고 먹이를 먹는 동물들을 보면 당장에라도 고기를 끊고 싶은 생각이 들 정도지요. 그렇게 자란 동물들은 면역력이 매우 약합니다. 교실 하나에 수백 명을 몰아넣고 먹고 자고 심지어 뒤처리까지 하라면 어찌 되겠어요. 스트레스가 이만저만 아니겠지요.

말 못 하는 짐승들도 마찬가지입니다. 면역력이 떨어지면서 각종 질병에 걸립니다. 그럼 또 병에 걸리지 말라고 엄청난 양의 항생제를 투여해요. 이뿐만이 아닙니다. 빨리 크라고 성장 촉진제를 먹입니다. 이게 다 어디로 가겠어요. 건강하지 않은 고기가 인간에게 유익할 리 없습니다. 무항생제, 무성장 촉진제 등의 광고를 내건 제품들이 시장에 쌓여 있는 이유도 그것이 몸에 해롭다는 방증입니다.

게다가 식용 동물들은 일찍 죽습니다. 자연이 허락한 수명을 누리지 못해요. 자연 상태에서 20년을 사는 소, 15년을 사는 닭은 각각 20~30개월, 100일 안팎에 도축됩니다. 옳지 않아요. 인간이 뭔데 그들의 수명을 단축시킵니까.

음식의 제조 과정에서도 적지 않은 문제점이 발견됩니다. 식품 회사들이 암모니아 처리한 소의 부산물로 햄버거 패티를 만들어 왔습니다. 2013년 제이미 올리버라는 영국의 젊은 요리사가 이 문제를 공론화했지요. 아시겠지만 맥도날드는 세계 최대의 햄버거 회사입니다. 맥도날드의 햄버거 빅맥을 기준으로 세계 각국의 물가를 비교하는 '빅맥 지수'가 경제학적 용어로 쓰일 정도죠. 그만큼 세계 각국에 진출해 있다는 거예요.

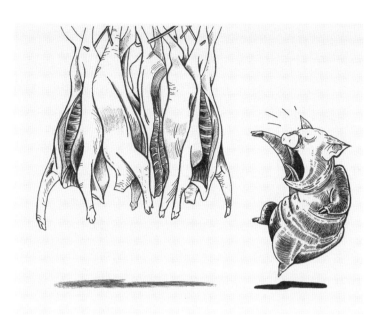

## 좋은 고기와 나쁜 고기

전 세계적인 지식 나눔 프로그램인 'TED'라는 게 있습니다. 저도 가끔 들러 보는 사이트입니다. 'Technology, Entertainment, Design'의 약자를 딴 이 사이트는 정기적으로 강연과 회의를 개최하면서 인터넷으로 공유하는 곳입니다. 특히 이곳에 소개되는 강사들은 각 분야의 권위자들입니다. 아까 말씀드린 올리버라는 요리사는 2012년 TED에서 선정한 최고의 강사이기도 합니다.

그는 '모든 아이들에게 음식에 대해 가르칩시다'(Teach every child about food)라는 강연을 통해 아이들이 자기가 먹는 음식이 어떻게 만들어지는지 모르는 시대가 되었다고 말합니다. 모든 것이 공장에서 만들어져 나오니까요. 포장만 뜯으면 됩니다. 음식이 상품이 되다 보니 과정은 보이지 않아요.

알고 싶어도 알 방법이 없죠. 그러면서 올리버가 깃털을 뽑고 손질한 닭을 한 마리 들고 나와 가슴살, 날개, 닭 다리를 자릅니다. 사람들에게 가장 인기 있는 부위죠. 가장 비싸게 팔리는 부위이기도 합니다. 그리고 나머지 뼈와 껍질을 믹서에 갈아 버립니다. 올리버는 죽처럼 걸쭉하게 갈린 고기를 들어 보이며 맥도날드같은 식품회사들이 암모니아수 등 화학 물질로 이것을 처리하고 고기 향(향미 증진제)과 방부제를 넣어서 우리 가정에 팔고 있다고 폭로합니다. 이런 걸 마음 놓고 아이들에게 먹일 수 있느냐는 거예요.

저는 요즘 아이들에게 아토피가 많아지는 것도 음식이 원인이라고 생각합니다. 화학 첨가제가 잔뜩 들어간 과자와 사탕을 입에 달고 사니까요. 우리 몸의 신장이나 간은 이런 합성 물질을 100퍼센트 완벽하게 거르지 못한다고 합니다. 어떻게든 이물질을 밖으로 내보내려는 과정에서 보이는 몸의 과민함이 바로 아토피라고 합니다. 아토피는 사실상 약이 없어요. 음식물에 쓰이는 각종 화학 첨가물들은 아토피뿐 아니라 ADHD(주의력결핍 과다행동장애) 등의 문제를 일으키는 것으로 의심받고 있습니다. 그만큼 먹는 것이 중요합니다.

총과 천연두로 사라져간 아메리카 선주민들의 터전에 소를 풀어놓은 백인들이 비만과 암으로 신음하는 요즘을 보면 역사의 아이러니가 느껴집니다. 그러면서 육식이 과연 인간에게 바람직할까 하는 생각을 해 보게 돼요. 물론 채식만으로 단백질이나 칼슘을 충분히 보충하기는 어렵습니다. 하지만 좀 더 나은 육식은 가능하지 않을까요? 가격이 좀 더 비싸더라도 좁은 닭장에 갇혀 자라지 않은 닭을, 방목되어 길러진 소를 선택할 순 없을까요. 가로 30센티미터, 세로 15센티미터, 높이 45센티미터의 닭장에 갇혀 평생 200~300개의 알을 낳다 짧은 생을 마감하는 닭을 생각하면서, 나의 작은 관심이 생명에게 자유를 줄 수 있다면, 하는 마음으로 동물 복지를 보증하는 달걀을 살 수는 없을까요.

한창 자랄 때는 고기를 먹어야 합니다. 하지만 모든 것이 공장에서 만들어지는 지금, 좀 더 꼼꼼히 내가 먹는 것에 대해 살펴보아야 합니다. 제대로 된 진짜 고기를 먹어야 해요. 세상에 먹는 것만큼 중요한 건 없습니다. 몸과 정신이 자라나는 어린이·청소년 때는 더욱 그렇죠. 어떤 과정을 거쳐 생산된 고기인지 살펴보아야 합니다. 원산지가 어디인지, 첨가물은 어떤 게 들어갔는지 확인하세요. 완제품일 경우는 굽거나 튀긴 것보다는 삶은 것이 좋습니다. 좋은 고기를 먹으면 몸과 마음이 모두 건강해집니다.

## 고기, 힘의 근원이자 질병의 근원

일본의 신야 히로미는 내시경 절제술을 세계 최초로 개발한 내과의사입니다. 내시경 절제술이란 내시경 끝에 칼을 달아 위나 대장에 있는 종양을 제거하는 수술입니다. 1970년대 탁월한 광학 기술을 가진 일본이 내시경을 독점하던 시기와 맞물려 나온 의학 기술입니다. 신야 박사가 개발한 이 수술로 배를 여는 개복 수술 없이 소화기의 종양을 효과적으로 치료할 수 있게 됐습니다.

그런데 신야 박사는 수많은 인간의 위와 대장을 보면서 깨닫는 것이 있었습니다. 바로 위와 장의 모양이 나쁜 사람은 병에 걸린다는 점이었습니다. 그는 위와 장이 나빠지는 핵심적인 원인으로 육류 섭취를 지목합니다.

신야 박사는 백인이나 흑인은 각종 합병증으로 죽음에 이르는 극단적인 비만자의 체중이 400킬로그램에 이르지만 동양인의 극단적인 비만자 체중은 200킬로그램 정도라며, 이런 차이는 동양인은 목축 중심의 서양인과 달리 고기에서 단백질을 분해하고 섭취하는 능력이 떨어지는 탓이라고 지적합니다. 그래서 생선이나 두부로 단백질을 섭취할 것을 권장하죠.

1977년 미국의 상원의원 조지 맥거번은 '국가영양문제 특별위원회'를 설립합니다. 의학 발전에도 불구하고 심장병과 암 환자가 폭발적으로 늘어나 의료비가 미국의 국가 재정을 위협하는 상황이 되자 근본적인 대책을 마련하고자 했던 거죠. 위원회는 전 세계 식생활에 대한 자료를 조사합니다. 그리고는 '질병의 원인은 잘못된 식생활'이라는 결론의 보고서를 내놓습니다. 당연하면서도 충격적인 내용이었죠.

당시 미국인의 식탁에 오르는 단골 메뉴는 두툼한 스테이크 같은 고단백 고지방 음식이었습니다. '고기는 힘의 근원'이라는 생각에 사로잡혀 있던 시절이었죠(지금의 우리와 비슷하지 않나요?). 위원회의 보고서는 이런 '상식'에 정면으로 부정합니다. 그러면서 가장 이상적인 식사로 1600년대 일본의 식단을 꼽았습니다. 이때는 정백하지 않은 곡류(가령 현미, 통밀)를 주식으로 하면서 반찬은 계절 야채와 해조류로, 동물성 단백질은 소량의 어패류로 섭취했습니다.

지나친 육식은 건강에 좋지 않습니다. 또한 고기 소비가 늘면 생산을 위해 동물을 학대하고 자연을 훼손하는 결과를 낳게 됩니다. 지구와 나를 살리는 식생활을 고민해야 합니다.

## 고기가 필요 없는 절집 떡국 만들기

고기 없는 떡국을 만들어 보겠습니다. 앞서도 강조했지만 요리의 핵심은 육수(국물)입니다. 그런데 멸치도 안 쓰고, 소고기도 안 쓰고 어떻게 국물을 낼까요?

정답은 다시마와 표고입니다. 다시마와 표고를 쓰면 소고기 국물처럼 감칠맛이 나는 육수가 나옵니다. 신기하죠? 다시마와 표고는 모두 균류입니다. 단순한 세포들의 결합체인 것이죠. 이 단순한 결합체가 복잡하고 거대한 생물인 소로 낸 국물과 맛이 비슷하다는 점은 참 아이러니합니다. 특히 표고버섯은 그냥 먹어도 고기 같습니다. 왜 그럴까요?

식품영양학자들은 소고기와 표고버섯에는 감칠맛을 내는 동일한 아미노산 분자 구조가 있다고 말합니다. 생물 계통도에서 보면 한참이나 떨어진 두 종에 동일한 분자 구조라니. 버섯은 이래저래 참 많은 생각을 하게 합니다. 하지만 버섯 국물 요리는 참 쉽습니다.

재료(2인분): 말린 표고 5~8개, 다시마 5×5센티미터 크기 5~6장, 파 흰 뿌리 부분 2~3쪽(없어도 됩니다), 마늘 3~4쪽, 달걀 한 개, 포장 김 한 통, 국간장, 정종.

1. 다시마와 표고를 마른 수건으로 잘 닦습니다. 다시마의 흰 부분을 깨끗하게 닦아 내는 게 포인트입니다. 귀찮으면 물로 닦아 냅니다.

2. 미지근한 물 1000~1200cc에 넣고 한 시간 이상 국물을 우립니다. 이 우린 물은 냄비에 따르고 약한 불로 끓입니다. 물이 졸아들면 찬물을 조금씩 부어 맨 처음의 수위를 맞추어 주어야 합니다.

3. 냄비에 우린 육수와 함께 파의 흰 부분을 넣고, 끓으면 다시마는 건집니다. 건진 다시마는 가위로 잘게 잘라 두었다가 나중에 국물을 뿌려서 겨자, 간장, 참기름과 함께 넣어 먹으면 변비에 좋습니다. 식초와 설탕과 간장을 5대 4대 1의 비율로 섞어서 무쳐 먹어도 맛있습니다.

4. 다진 마늘과 국간장을 넣습니다. 정종도 한 큰술 정도 넣습니다. 정종은 잡내를 없애고 단맛을 냅니다.

5. 떡을 미지근한 물에 담가 둡니다. 냉동 떡은 물에 담가 전자레인지에 넣고 '해동'으로 돌립니다.

6. 이제 떡을 준비한 국물에 넣고 끓입니다. 국물이 끓어오르면 기호에 따라 후추를 칩니다. 떡을 넣으면 국물이 줄기 때문에 중간 중간에 물을 보충해서 최초의 양으로 유지해야 합니다.

7. 다 됐다고 생각되면 달걀을 두르고 1분쯤 더 끓이고 불을 끕니다.

8. 김을 손으로 부수거나 가위로 가늘게 잘라 떡국에 올리면 완성입니다. 도시락 반찬용 조미김도 얼마든지 간편하게 이용할 수 있습니다. 단, 짤 수 있으니 소금을 턴 뒤에 넣습니다.

# 11. 국수-잔치 음식 또는 가난한 자의 음식

아, 이 반가운 것은 무엇인가

이 히수무레하고 부드럽고 수수하고 슴슴한 것은 무엇인가 …(중략)…

이 조용한 마을과 이 마을의 으젓한 사람들과

살틀(살뜰)하니 친한 것은 무엇인가

이 그지없이 고담하고 소박한 것은 무엇인가

—백석의 시 「국수」 중에서

"국수 언제 먹게 해 줄래?"

명절 때 자주 듣는 말입니다. '결혼 언제 할 거냐'는 압박이죠. 결혼 연령이 점점 늦어지면서 이런 말을 듣는 노총각, 노처녀들이 많아졌습니다. 그런데 국수는 언제부터 결혼을 상징하는 말이 됐을까요? 왜 국수 앞에는 '잔치'가 붙게 된 것일까요?

예전에는 우리나라에 밀가루가 귀해서 국수는 환갑이나 결혼식 같은 잔치 때나 먹을 수 있었습니다. 지금은 흔한 밀가루가 귀했던 것은 우리나라가 밀을 생산하기 적합하지 않은, 비가 많이 오는 날씨인 데다가 외국과 교역이 활발한 무역 국가가 아니었기 때문입니다. 즉 우리나라에서 국수는 귀한 음식이었던 것이죠.

반면 밀이 풍부한 유럽에서 국수는 서민 음식이었습니다. '서양 요리의 자존심'으로 불리는 프랑스 요리에는 국수 요리가 거의 없습니다. 파스타의 본고장 이탈리아에서도 귀족들은 서민적이라며 국수를 외면했다고 합니다.

## 국수의 탄생

국수 문화의 원조인 중국은 어떨까요? 실크로드를 통해 아랍 지역에서 밀을 전파 받은 중국은 제분이 불완전해 거칠지만 밀로 여러 가지 음식을 만들어 먹었습니다. 국수도 그중 하나였죠. 이것이 중국 전역으로 퍼질 수 있었던 것은 산업 생산력 때문이었습니다.

기원전 221년 진나라 이후 통일 국가를 유지해 온 중국은 수나라 때인 600

년대에 황허와 양쯔강을 잇는 운하를 만듭니다. 뱃길을 통해 왕과 귀족이 사는 수도와 생산력이 풍부한 남부 지방의 물산이 연결되면서 중국 고대판 산업 혁명이 일어납니다.

이집트나 중국 고대 때부터 운하를 조금씩 만들어 왔지만 중앙 정부가 나서서 멀리 떨어져 있는 두 강을 운하로 연결한 것은 수나라가 처음입니다. 유럽도 산업 혁명 때나 만들기 시작한 운하를 600년대에 만든 중국인의 상상력은 참으로 대단합니다.

중국이 일찌감치 국가적인 토목 사업을 추진할 수 있었던 것은 '과거 제도' 덕분입니다. 이해가 어렵다고요? 생각해 보면 고개가 끄덕여질 겁니다. 이런 아이디어는 왕 혼자만의 머리에서 나오지 않습니다. 수많은 전문가들의 지혜가 필요하지요. 중국은 수나라 때 과거 제도를 도입하면서 수많은 고급 두뇌들을 확보합니다. 그전에는 어땠느냐고요? 그냥 왕하고 그 친척들이 끼리끼리 정했던 거죠. 훌륭한 왕이 나오면 태평성대이지만 멍청한 왕이 나오면 나라가 휘청거렸습니다. 과거 제도로 명석한 사람을 시험으로 뽑아 등용시키자 그런 일이 없어졌습니다. 당시로써는 일종의 혁신이었던 셈이죠.

중국은 왜 서양에서는 찾아볼 수 없는 이런 '공개 채용' 방식을 선택했던 걸까요? 다민족 국가에서 지배 민족이 다른 민족을 다스리려면 '합리적인 근거'를 내놓아야 합니다. 그렇지 않으면 복종하지 않아요. 호시탐탐 '두고 보자' 하다가 한순간 반란을 일으키겠죠. 유럽에서 이민 온 사람들이 세운 미국이 법치를 중시하는 것도 이런 점에서입니다.

중국을 통일한 수나라는 그동안 여럿으로 쪼개져 있던 중국을 오래 통치하려면 합리적인 정치를 해야 한다고 생각한 것입니다. 그래서 의리나 명분에 휘둘리는 왕족이나 귀족들을 견제할 엘리트를 선발한 거죠. 중국의 과거 제도는 우리나라에도 영향을 미칩니다. 고려 시대에 도입된 이후 1000년가량 존속해 왔죠. 사실 지금의 각종 고시도 비슷한 맥락입니다.

　대운하를 기반으로 중국의 생산력은 폭발적으로 증가했습니다. 다민족 국가였던 중국 각지의 산업과 문화는 하나로 통일됩니다. 그리고 중국의 문물은 실크로드를 통해 중동과 유럽 각지로 전해집니다. 비단과 차, 도자기 등 중국의 선진 문물에 유럽의 귀족들은 아낌없이 돈을 투자했습니다.

　유럽과 중국을 이어 준 것은 아랍의 상인들이었습니다. 이들이 활약한 지역은 수많은 사막과 험한 산으로 이어져 있습니다. 그 길을 뚫고 다녔는데 바로 여러분이 잘 아시는 실크로드입니다. 아랍의 상인들이 아니었으면 유럽과 아시아의 교류는 훨씬 늦어졌을 겁니다. 아랍인들은 스스로 여러 나라의 문물을 흡수하면서 근대까지 세계 역사에 굵직한 흔적을 남깁니다. 우리가 쓰는 아라비아 숫자나 나침반을 이용한 항해술은 모두 아랍을 통해 전 세계로 퍼져나간 것입니다. 때로 아랍에서 오스만 제국 같은 강력한 국가들이 등장해 유럽을 지배하기도 했습니다. 내부적으로 아랍은 610년 마호메트가 창시한 이슬람교로 인해 더 끈끈한 유대감을 갖게 됩니다.

　중국의 산업과 상업이 활발해지자 인구가 증가합니다. 이 과정에서 세계 최초의 패스트푸드가 탄생합니다. 바로 국수입니다. 중앙아시아가 원산지인 국수는 실크로드가 개척되면서 한나라 때 처음 선을 보였습니다. 그 후 국수는 당·송을 거치며 계속 번성하지요. 그러다가 원나라 때 몽고 족의 북방 문화가 도입되면서 오늘날 중국의 국수 문화가 생깁니다. 남방은 국물이 있는 '면', 북방은 볶는 '면'이 특징인데 이것이 골고루 섞이게 되는 것이죠. 국물이 있는 건 짬뽕, 면을 볶아서 만드는 건 짜장면을 생각하시면 됩니다

## 소바와 파스타

중국의 패스트푸드 국수는 곧 아시아 국가들에 전파됩니다. 우리나라에는 통일신라 말기 혹은 고려 시대에 들어온 것으로 알려집니다. 당·송 때 전해진 것이죠. 그런데 국수의 재료인 밀은 건조한 지역에서 자라는 작물입니다. 습한 지역인 우리나라에서는 구하기가 어려웠어요. 밀가루를 '진말'(眞末, 진귀한 가루)이라고 부른 것도 이런 이유입니다. 예전부터 밀가루는 제사·혼례 같은 집안의 주요 행사 때나 쓰이던 귀한 음식 재료였습니다.

산골에서는 밀 대신 메밀로 국수를 만들어 먹기도 했죠. 이런 문화는 일본도 비슷합니다. 우리는 이걸 막국수나 냉면이라고 불렀고 일본에서는 '소바'(そば)라고 했습니다. 메밀은 밀에 견주어 척박한 토양에서도 잘 자랍니다. 예로부터 먹을 것이 떨어질 때 요긴하게 먹는 감자나 고구마 같은 구황작물로 키우기도 했습니다. 요즘은 '산골 음식' 쯤으로 대접받던 메밀이 인기입니다. 칼로리가 낮고 혈관의 노폐물을 줄여주는 효능이 있다는 것이 알려졌기 때문입니다. 1년에 삼모작을 하는 동남아 국가는 밀 대신 쌀로 국수를 만듭니다.

유럽의 이탈리아로 간 국수는 파스타가 됩니다. 왜 하필 이탈리아였을까요? 그만큼 국제적 교류가 활발한 나라였기 때문입니다. 중세까지 유럽의 중심 국가였던 이탈리아는 로마의 후예답게 국수 문화가 퍼질 환경이 충분했습니다. 당시 제대로 된 음식 문화가 없던 유럽에 각종 요리와 포크 같은 식기, 우아한 식사 예절을 전한 것도 이탈리아였습니다.

국수가 중국에서 직접 실크로드를 통해 유럽에 전파되었다는 설도 있지만, 아랍의 지중해 중개 무역을 통해 전해졌을 가능성이 더 많습니다. 당시 항해술이 뛰어났던 아랍은 육로뿐 아니라 해로를 통해 동서양을 잇는 가교 역할을 했기 때문입니다.

이탈리아인들의 국수 사랑은 유별납니다. 기기묘묘한 파스타를 보면 이탈리아 사람들의 상상력도 보통이 아니라는 것을 알 수 있죠. 나사, 펜, 나비, 수레바퀴 모양의 형형색색의 파스타는 보는 즐거움을 더합니다. 파스타가 중국의 면과 달리 이렇게 기기묘묘한 모양을 가지게 된 것은 왜일까요? 이것을 이해하려면 이탈리아가 도시 국가였다는 점에 주목해야 합니다. 이탈리아의 각 도시에는 길드가 있었습니다. 10세기 유럽에서 형성된 배타적인 상인 조합이었죠. 이들은 생산과 유통을 독점하면서 종교와 문화도 공유했습니다.

유럽에 강력한 왕권을 갖춘 근대 국가가 들어서기까지 길드의 전통은 도시 국가라는 독특한 형태로 이어졌습니다. 독일과 이탈리아가 오랫동안 도시 국가로 남아 있었던 것도 유달리 발달한 길드 때문이었죠. 이탈리아의 도시 국가들은 동양과의 교역으로 성장을 거듭했습니다. 그러면서 서로 견제하며 치열한 경쟁을 벌입니다. 예컨대 가장 치열한 경쟁이 벌어졌던 분야가 시계 제조업이었습니다. 어느 길드의 시계가 더 정확하고 아름다운지를 두고 경쟁했습니다. 종을 치면서 뻐꾸기가 튀어나오는 시계, 구리 병정들이 빙글빙글 돌며 행진하는 근사한 시계 등이 이때 앞다퉈 나온 것입니다.

이런 과정을 거치며 이탈리아의 도시 국가들은 저마다 강한 문화적 개성을 갖게 됩니다. 독특한 파스타가 만들어진 데는 이런 배경이 있는 것입니다. 이탈리아가 개성과 창의력을 기반으로 하는 패션 산업의 선두 주자라는 것도 쉽게 이해가 되지요? 국가가 상업과 공업을 통제하거나 억압했던 동양과는 다른 모습입니다. 결국 이 차이가 나중에 서양이 동양을 추격하는 계기가 됩니다. 맛있는 파스타 한 그릇에는 이처럼 동서양의 역사를 가르는 분수령이 숨어 있습니다.

## 화려한 프랑스 요리의 탄생과 파스타의 굴욕

그런데 이탈리아의 파스타는 프랑스에서는 대접을 못 받아요. 프랑스가 요리의 중심지가 되는 과정과 파스타의 굴욕에 대해 살펴볼까요. 이탈리아의 명문 메디치 가의 카트린 드 메디치는 14살 때인 1533년 프랑스의 앙리 2세와 결혼을 했습니다. 당시 메디치 가는 피렌체의 지배자였습니다. 게다가 피렌체는 엄청난 대도시였습니다. 피렌체가 우리나라의 서울이라면 프랑스 파리는 지방 소도시 수준이었지요. '서울' 새댁 카트린이 시골로 시집가면서 피렌체 길드에서 만든 최고급 식기와 요리사를 대동했습니다. 포크도 없었던 프랑스 왕족들은 입이 떡 벌어졌죠.

당시 유럽 대부분 나라에서는 손으로 음식을 먹었거든요. '하느님이 주신 손을 두고 왜 도구를 써야 하지'라고 생각했다고 해요. 오늘날 유럽 하면 떠오르는 '에티켓', '기사도' 같은 고급스러운 이미지는 나중에 만들어져요. 신대륙 선주민들을 가혹하게 착취하면서 그 부를 바탕으로 이루어집니다. "곳

간에서 인심 난다”는 옛말이 있습니다. 이 경우는 “곳간에서 매너 난다”고 해야 맞겠네요. 그러던 유럽인들이 18세기 이후 아프리카나 남태평양 사람들이 손으로 밥을 먹는다며 야만인이라고 부릅니다. 여기서 속담 하나가 더 나오네요. “개구리 올챙이 적 생각 못 한다.” 청동기 시대부터 숟가락과 젓가락을 써 온 중국이나 우리나라와 대조적입니다. 물론 우리는 뜨거운 밥을 먹었고 이들은 상대적으로 덜 뜨거운 빵을 먹었기 때문에 사정이 달랐을 겁니다.

프랑스 요리가 유명해진 것은 루이 14세 때(1638~1715년)부터입니다. 프랑스 왕권의 절정기였지요. 루이 14세는 강력한 왕권을 기반으로 국력을 키웠습니다. 내부적으로는 기득권 세력인 귀족 대신 상인과 법률가 등 신흥 세력이었던 부르주아를 적극적으로 후원했지요.

루이 14세는 국력을 키우는 방편으로 요리에 집중했습니다. 요리를 직업으로 갖는 남자들이 생겨나면서 프랑스 요리는 비약적으로 발전합니다. 피렌체 새댁 카트린 왕비가 씨앗을 뿌린 프랑스 요리는 루이 14세 때 꽃을 피웁니다. 바로 ‘오투 퀴진’(고급 요리)의 탄생이지요. 전통이 이렇다 보니 프랑스 요리는 무척 화려합니다. 그 자리에 서민들이 손으로 집어 먹던 파스타는 당연히 낄 자리가 없었겠지요. 지금도 프랑스 정찬 코스에는 파스타가 없습니다. 파스타가 프랑스에서 이런 푸대접을 받게 될 줄 누가 알았을까요?

# 서양식 볶음 국수, 파스타 만들기

이번엔 서양 국수 요리의 기초인 파스타를 만들어 볼게요. 파스타는 이탈리아 말로 모든 국수를 총칭하는 말입니다. 스파게티는 파스타의 일종으로 면이 가는 파스타로 가장 대중적입니다. 스파게티는 파스타의 부분집합이라고 할 수 있습니다.

우선 면을 준비합니다. 스파게티 면이 제일 무난해요. 씹는 맛을 즐기고자 한다면 탈리아텔레 등 굵직한 파스타를 쓰고 양념을 진하게 하면 됩니다. 여기선 스파게티로 만들어 볼게요.

재료(1인분): 스파게티 면, 소금, 마늘 3~4쪽, 버터, 방울토마토, 간장, 각종 야채, 파르메산 치즈, 올리브 기름.

## 1. 면 익히기

끓는 물에 소금을 한 티스푼 넣고 스파게티 면을 넣어요. 10분 정도 익히면 되는데 그동안 마늘을 편으로 얇게 써세요. 1인분에 3~4쪽 정도가 적당합니다. 스파게티 면이 다 익으면 집게나 국자로 건집니다. 삶은 물은 버리지 마세요. 나중에 면을 볶을 때 넣어 줘야 합니다.

## 2. 면 볶기

불에 달군 프라이팬에 올리브기름을 두르고 마늘을 넣어요. 마늘이 노릇노릇 익으면서 냄새가 나면 불을 줄입니다. 그리고 버터를 지우개 절반 크기로 썰어 넣습니다. 고춧가루나 청양고추를 살짝 넣어도 좋습니다. 중불이나 약불로 해야 합니다.

자, 이제 면을 넣고 볶을 차례군요. 탄다 싶으면 아까 남겨둔 면 삶은 물을 3분의 1 국자 정도 넣습니다. 간장을 반 큰술 정도 넣습니다. 좀 심심하

다 싶으면 마늘을 많이 넣거나 방울토마토를 넣어서 같이 볶아 줍니다. 이게 파스타의 기초인 알리오 올리오 파스타입니다.

3. 마무리

 야채를 얹고 올리브기름과 파르메산 치즈를 뿌려서 먹습니다. 정리해 보겠습니다.

① 재료를 마늘과 함께 볶는다.
② 익힌 국수를 넣는다.
③ 육수(면수)를 살짝 넣어 준다.

 위 과정은 파스타를 비롯한 모든 볶음국수의 공통적인 레시피입니다.

### 심화 과정

 위에서 청양고추를 넣을 때 안초비를 넣어 봅니다. 안초비는 올리브기름에 저려 있기 때문에 두부보다 부드럽습니다. 숟가락 뒷면으로 으깨거나 칼로 잘게 짤라서 넣으면 됩니다. 안초비는 예전에는 대형 상점에서나 구할 수 있었는데 요즘은 동네 슈퍼에서도 손쉽게 구할 수 있을 거예요. 이건 짜기 때문에 버터나 소금을 아주 조금만 넣어야 해요. 말린 바질이나 파슬리도 향취를 돋우어 줍니다. 간장을 넣을 때 청주를 함께 넣어도 괜찮습니다. 버터를 넣을 때 화이트 와인을 2~3큰술 넣어 주면 향기가 아주 좋아집니다. 식당에서 먹는 고급 파스타에는 이렇게 와인을 넣습니다.
 파스타는 뭘 넣느냐에 따라 맛이 달라집니다. 고기는 물론이고, 야채만 넣고 해도 맛이 있습니다. 심지어 김치, 순대, 족발을 넣고 해도 맛이 있답니다. 설마 하시는 분들, 도전해 보세요!

# 4장
## 근대, 폭력으로 얼룩진 산업화의 비밀

# 12. 설탕-희고 달콤함 속에 깃든 폭력의 역사

"케이크에 설탕 입히기"

-'좋은 일에 좋은 일을 더한다'는 뜻의 서양 속담

어린아이들은 왜 그렇게 단 걸 좋아할까요? 달다는 것은 당(糖)이 많다는 것이고 고칼로리란 뜻입니다. 350만 년의 인류 역사에서 배불리 먹기 시작한 것은 최근 100년입니다. 우리나라는 채 50년이 안 돼요. 지금 인류는 전 인구를 먹여 살리고도 남을 만큼의 충분한 식량을 생산하고 있습니다. 그럼에도 굶주림은 여전히 해결되고 있지 않아요. 지금 이 시간에도 먹을 것이 없어 굶어 죽어가는 사람들이 있습니다. 그러니 과거에는 오죽했을까요? 지난 350만 년 동안 인간은 늘 배가 고팠습니다. 칼로리 부족에 시달렸죠. 맛도 좋고 칼로리도 높은 단 음식은 갈망의 대상일 수밖에 없었어요.

그랬던 인류에게 어느 날! 기적처럼 단 음식이 쏟아져 내립니다. 사탕, 초콜릿, 케이크, 사이다, 콜라, 주스……. 지금 우리는 손만 뻗으면 입안 가득 단내가 나도록 먹을 수 있습니다. 도대체 그 사이 인류에게 무슨 일이 일어났던 걸까요? 바로 설탕의 대량생산입니다.

## 제국들의 설탕 전쟁

설탕은 인류가 이전에 맛보지 못한 매혹적인 맛을 선사합니다. 그러나 희고 달콤한 설탕에 엄청난 폭력의 역사가 깃들어 있다는 사실을 아는 사람(학생)은 드물어요. 설탕에는 진홍빛 피의 역사가 숨어 있습니다.

설탕의 역사는 고대 이집트에서부터 시작되지만 생략하고, 여기서는 크리스토퍼 콜럼버스에서 시작하겠습니다. 앞에서도 언급했지만 그가 항해에 나선 건 인도로 가는 새로운 항로를 찾기 위해서였습니다. 지구가 둥글다고 믿은 콜럼버스는 계속해서 서쪽으로 갑니다. 한참 가다가 아메리카 대륙에 가로막혔던 거고요. 그는 자기가 도착한 중앙아메리카의 섬이 '후추의 나라'인 인도라고 생각했습니다. 그런데 알고 보니 신대륙이었던 거예요.

나중에 그곳이 미지의 대륙이라는 사실을 알게 된 스페인은 1490년대부터 원정대를 보냅니다. 최신 무기로 무장한 스페인군들은 남아메리카의 아즈텍, 잉카 제국을 차례로 무너뜨립니다. 그런데 선주민들이 대량으로 죽어 간 또다른 원인은 천연두 균이었습니다. 유목 민족이던 유럽인들이 자기도 몰래 병원균과 함께 쳐들어온 셈입니다. 지금의 화학 무기쯤 되려나요? 선주민들은 스페인군에 죽거나 병에 걸려 죽거나, 두 가지 선택지밖에 없는 절망 속에서 사라져 갔습니다.

결국 스페인은 광대한 식민지 땅을 얻게 되죠. 그리고 뭘 심을까 하고 고민하다가 그곳에 사탕수수를 심습니다. 그리고 아프리카에서 흑인들을 데려다 노예로 부려 먹죠. 남의 땅을 빼앗아 놓고는 일할 사람이 다 죽자, 그 먼 아프리카에서 사람을 잡아다가 일을 시킨 거예요.

이 모든 게 설탕을 얻기 위해서였습니다. 사탕수수는 기온이 높은 열대·아열대 지역에서 자라는 식물입니다. 유럽에선 키울 수가 없어요. 손도 많이 갑

니다. 사탕수수를 정제해서 설탕을 만드는 데는 일련의 과정이 필요합니다. 바로는 못 먹어요. 사탕수수에서 즙을 뽑아내고 증발시켜 결정을 얻어야 합니다. 여기에 엄청난 노동력이 들어가요.

설탕을 먹고는 싶고, 재료는 안 나고, 일손도 없고⋯⋯. 남의 땅을 뺏어서라도, 흑인 노예를 부려서라도 먹고 싶었던 거예요. '설탕이 뭐길래?' 하는 생각이 절로 들지요?

유럽인들(로마인들은 제외)이 본격적으로 설탕 맛을 본 건 십자군 전쟁 때입니다. 당시 단맛을 낼 수 있었던 건 벌꿀이나 조청이 유일했어요. 당연히 설탕은 유럽에서 비싼 값에 팔려 나갔습니다. 귀족들이나 맛볼 수 있는 귀한 음식이었죠.

유럽의 귀족들은 로마 시대 귀족들이 후추로 재력을 과시했듯이, 설탕으

로 자신들을 과시했습니다. 문제는 이 좋은 음식을 스스로 만들어 먹을 수가 없었다는 겁니다. 아까 말씀드렸다시피 설탕의 원료가 되는 사탕수수는 열대·아열대성 작물이에요. 설탕이 자라는 땅은 십자군 전쟁 이후로 훨씬 더 똘똘 뭉친 이슬람 국가들이 지배하고 있었습니다. 비싼 돈을 들여 수입할 수밖에 없었지요. 어때요. 상인들이 탐낼 만한 상품이죠? 스페인이 먼저 나섭니다. 아메리카 대륙에 식민지를 개척하고 아프리카 노예들을 데려다 '직접' 사탕수수를 재배합니다. 이걸 유럽에 가져다 팔면서 막대한 부를 쌓습니다.

그러자 주변 나라들이 들썩거립니다. 대표적인 나라가 영국입니다. 당시 유럽의 삼류 변방 국가였던 영국은 유럽을 지배하던 스페인으로부터 독립하려는 네덜란드를 지원합니다. 당시 스페인은 종교를 구실로, 상업과 무역으로 한창 국력이 커 가던 식민지 네덜란드를 탄압합니다. 상류층 수천 명을 종교

재판에서 처형합니다. 맘에 안 들면 악마나 이단으로 몰아 죽일 수 있는 시대 였습니다. 중계 무역으로 성과를 올리던 네덜란드 신교도들을 압박했던 것이 죠. 한편으론 높은 세금으로 네덜란드의 상업을 마비시킵니다.

참다못한 네덜란드 시민들은 공화국을 수립하고 스페인을 상대로 독립 전 쟁을 벌입니다. 1568년부터 시작된 이 전쟁은 무적함대를 가진 스페인이 금 방 승리할 것이라는 예측과 달리 네덜란드의 결사 항전으로 80년이나 계속됩 니다.

이를 지켜보던 영국 엘리자베스 1세는 1588년 스페인의 무적함대를 영국의 도버 해협 부근에서 화공법으로 격침시킵니다. 이 대목에서 삼국지의 적벽대 전이 연상되는군요. 조조의 대함대도 제갈량의 지략인 화공 때문에 촉과 오 나라 연합군에게 무너집니다.

결국 이 전쟁으로 네덜란드는 승기를 잡고 1648년 독립을 하게 되고 영국 은 대서양의 패권을 차지하게 됩니다. 스페인에서 영국으로 주도권이 넘어가 는 순간이지요. 영국은 1600년 세계 최초의 주식회사인 네덜란드의 동인도 회사를 모방해 영국판 동인도 회사를 인도에 세웁니다. 그리고 스페인과 그 의 형제 국가인 포르투갈이 독점해 온 설탕 무역에 한발을 걸쳐 놓습니다. 그 리곤 스페인의 식민지를 야금야금 빼앗습니다. 영국과 앙숙이었던 프랑스도 함께 식민지 경쟁에 열을 올리게 되죠.

그러나 식민지 경쟁에서 영국은 프랑스보다 한 발 빨랐습니다. 그 이유는 바로 민주주의 때문이에요. 영국은 국가의 중대 사안을 의회에서 결정했습니 다. 반대로 프랑스는 왕이 모든 것을 결정했죠. 18세기 프랑스 대혁명을 계기 로 유럽을 휩쓸었던 혁명의 물결 속에서도 의회가 왕을 견제하던 영국은 말 짱했습니다. 왕의 독단을 견제할 수 있는 의회는 영국이 발명한 인류 최고의 발명품이었고 그 혜택을 톡톡히 봅니다.

## 식민지의 슬픔

영국은 신대륙과 유럽을 잇는 삼각 무역으로 떼돈을 법니다. 영국 상인들은 총과 담배 등을 싣고 아프리카에 팔고 대신 노예를 사옵니다. 이 노예를 남아메리카에 팔고 그 배에 사탕수수, 담배 잎 등을 싣고 돌아오는 거죠. 식민지인 미국에는 노예를 팔고 대신 목화를 실어 왔습니다. 목화는 설탕과 마찬가지로 영국이 '세계 상품'으로 개발한 것입니다. '세계 상품'이란 전 세계적으로 널리 팔리는 상품을 말합니다. 지금은 스마트폰, 신발, 자동차 같은 것이지만 당시는 후추, 비단, 도자기 등 동양에서 온 상품이었죠.

신대륙의 광활한 땅과 노예를 통해 획득한 공짜 노동력으로 유럽의 생산력은 엄청나게 커졌습니다. 상품 공급량이 급격히 늘어납니다. 귀했던 상품이 흔해지면서 마침내 가격이 폭락하는, 전혀 예상치 못한 일이 벌어집니다.

수만 킬로미터 떨어진 신대륙에서 만든 제품이 영국 본토에서 만든 제품보다 훨씬 싼 가격에 들어옵니다. 귀족들이 후추와 설탕으로 재력을 과시하던 때는 이제 "호랑이 담배 피우던 시절"이 되어 버린 거죠. 가격이 싸진 것은 전적으로 노예들의 희생 때문이었습니다. 인건비가 전혀 안 들었으니까요. 노예들은 말도 안 되는 열악한 상황에서 중노동에 시달리다 병들면 버려졌습니다. 달콤한 설탕을 위해 수많은 사람들이 그렇게 죽어 갔습니다.

착용감이 뛰어난 면직물을 위해 희생당한 인도인의 사정도 만만치 않습니다. 미국에서 실어온 목화로 영국인들은 면직물을 차세대 주력 상품으로 키웁니다. 특히 무역 적자가 심했던 중국에 내다 팔 주요 상품으로 삼죠. 목화로 만든 면은 가볍고 부드러워 전 세계 어느 나라에서나 인기가 높았습니다.

당시 세계 제일의 면화 생산국이자 면직물 생산 기술 보유 국가는 영국의 식민지 인도였습니다. 인도를 제치고 1위가 되려고 영국은 인도 방직 기술자의 엄지손가락을 자르는 야만적인 행위도 서슴지 않았습니다. 한편 영국은 증기방직기를 개발하면서 생산력에 일대 혁신을 맞게 되죠. 영국은 미국이라는 식민지에서 가져온 값싼 면화와 방직기로 저렴한 가격의 면직물을 전 세계로 공급하며 승승장구하게 됩니다. 반면에 면직물 가격이 폭락하면서 인도 농민들은 엄청난 타격을 입게 되죠.

힘을 키운 영국은 식민지 건설에 열을 올렸고 유럽의 다른 나라들도 이를 모방해 식민지를 건설합니다. 곳곳에서 다툼이 생기지요. 경쟁자가 끼어든 겁니다. 특히 중남미와 북미 아프리카 곳곳에서 프랑스와 충돌합니다. 여기저기서 전쟁이 벌어지니까 나중엔 아예 두 나라 간 완충 지대를 만듭니다. 대표적인 곳이 태국입니다. 베트남 등 인도차이나를 차지한 프랑스와 인도를 지배하는 영국 사이에 일종의 '비무장 지대'를 둔 거죠. 아프리카의 에티오피아도 마찬가지였습니다. 태국과 에티오피아는 국력이 강해서가 아니라 이런 지리적 이점 때문에 식민지가 되지 않았던 것입니다.

면직물의 원료인 목화는 미국의 남북 전쟁과 영국-중국 간에 벌어진 아편 전쟁의 원인이 되기도 합니다. 비단의 나라인 중국에서는 영국이 개발한 세계 상품인 면직물이 잘 안 팔렸어요. 그러자 대신 아편을 수출한 것이죠. 아시다시피 헤로인으로 불리는 아편은 강력한 마약입니다. 상품이 아니죠. 국가가 아니라 악마가 내렸을 법한 결정이죠. 하지만 영국은 눈 하나 깜짝 안 하고 아편을 중국에 퍼뜨리기 시작합니다. 제국주의란 그런 것입니다. 자국의 이익을 위해서라면 다른 나라 사람의 생명쯤이야 우습게 여기는 속성이 있지요.

일본도 비슷한 짓을 했습니다. 한반도 합병 이후 일본은 합성 마약인 필로

폰을 제약 회사에서 만들어 팔았습니다. '필로'는 그리스 어로 '사랑'입니다. '철학'을 뜻하는 영어 단어 '필라소피'(philosophy)가 사랑(philo)과 지식(sophy)으로 이루어졌다는 사실은 학교에서 배우셨을 거예요. 필로폰은 '사랑'(philo)와 '노동'(ponos)의 합성어입니다. '노동을 사랑하게 해 주는 약'이라는 뜻이에요. 잘 연결이 안 되는군요. 도대체 마약에 왜 이런 이름을 붙인 걸까요?

필로폰이 만들어진 이유는 강제 노역과 관련이 있습니다. 일제는 중국과 조선에서 데려온 강제 징용자들에게 필로폰을 투약합니다. 약에 취한 징용자들이 몸이 상할 때까지 일하도록 말이죠. 이 비인간적인 마약은 일본 패망 이후 지금까지 동북아에 유통되고 있습니다.

## 민주주의의 태동

설탕은 제국주의의 가혹한 식민지 착취를 불러옵니다. 식민지를 둘러싼 제국주의 국가 간의 경쟁은 세계 대전으로 이어지지요. 너무 어둡나요? 하지만 모든 사물에는 빛과 그림자가 있듯이 설탕에도 어두운 면만 있는 것이 아닙니다.

삼각 무역으로 막대한 부를 쌓은 영국 사회에서 변화가 시작되었습니다. 우선 과학 기술의 비약적인 발전입니다. 영국은 이 부를 이용해서 대단한 발명을 해냅니다. 증기 기관을 개량해서 실을 뽑고 천을 짜는 방직기를 만들어요. 이후 외연 기관의 힘을 동력으로 이용하는 기계 장치가 쏟아졌습니다. 산업 전반에 기계화의 바람이 불게 된 겁니다. 산업 혁명이 본격화되었습니다. 증기를 이용해 터빈을 돌리는 발전기가 만들어지면서 전기가 일상생활 곳곳에 스며듭니다. 지금 우리가 누리는 생활의 틀은 대부분 영국의 산업 혁명에서 비롯 되었습니다. 작은 섬나라 영국은 식민지 착취와 전쟁을 일삼은 나라였지만 산업 혁명으로 인류의 생산력을 비약적으로 발전시킨 나라이기도 합니다.

근대 민주주의의 틀도 이때 형성됩니다. 영국의 자본주의는 상인·법률가 등 신흥 상류층을 등장시킵니다. 이들은 전통·권위·종교 등 비합리적인 판단 근거를 들어 사사건건 앞길을 막는 왕족과 귀족을 공격하기 시작하죠. 이론적인 근거도 만들어집니다.

애덤 스미스(1723~1790)는 『국부론』이라는 책에서 나라가 부강해지려면 개인의 본성을 자유롭게 발휘해야 한다고 주장하지요. 시장에 모든 것을 맡기자고 합니다. 여기서 그가 주요 공격 대상으로 삼은 것은 왕족과 귀족이었어요. '보이지 않는 손'이 가격을 결정하니 멍청한 왕이나 귀족들은 나서지 말

라는 얘기였어요. 그러나 당시 대단히 진보적인 주장을 했던 애덤 스미스는 200년이 지난 요즘 국가의 경제 개입을 반대하는 보수주의자의 아이콘이 됐습니다. 1930년 시작된 대공황 때부터 정부가 시장에 적극 개입해야 한다는 수정 자본주의(영국의 경제학자 케인스의 주장입니다)를 반박하는 근거로 보수주의자들이 애덤 스미스를 내세웠기 때문입니다.

  이처럼 산업 혁명은 중세부터 이어진 서구의 야만을 하나씩 없애 버립니다. 어떻게요? 바로 합리와 경험이라는 인간의 이성이 바탕이었습니다. 설탕이 촉발시킨 산업 혁명은 인간의 본성과 인권을 새롭게 자각하게 하는 계기가 됩니다(자세한 이야기는 커피 편에서 계속하도록 해요).

# 흑인들이 눈물로 쓴 현대 음악사

백인들에 의해 잡혀 온 흑인들의 삶은 짐승과 다를 것이 없었습니다. 노동 강도는 엄청났지만 먹을 것은 형편없었고 이에 반항했다가는 목숨을 부지하기 힘들었습니다. 뙤약볕에서 죽도록 일을 해야 했습니다. 이들의 목숨을 바친 노동 덕분에 금값보다 귀한 설탕의 가격이 뚝뚝 떨어진 것입니다. 이들은 육체뿐만 아니라 정신적으로도 고통을 받았습니다.

상처받은 흑인들의 영혼을 달래 준 것은 바로 음악이었습니다. 아프리카인들에겐 특유의 리듬감이 있지 않습니까? 다큐멘터리를 보면 그들은 마치 온몸을 악기처럼 사용합니다. 흑인 가수들의 음색은 듣는 이로 하여금 소름이 돋을 만큼 입체적이면서 애절합니다. 이들은 신이 부여한 음악적 재능을 발휘해 현대 음악의 역사를 새로 씁니다.

고된 노동을 이길 목적으로 노동요와 영가를 흥얼거리던 흑인들은 교회나 군대 등에서 어깨너머로 배운 백인들의 음악을 받아들이며 독자적인 음악 장르를 선보이기 시작했습니다. 특히 한 때 프랑스의 식민 지배를 받았던 미국 남부 흑인들이 선도적이었습니다. 미국 남북 전쟁 이후 패배한 남군들의 악기가 싼값에 시장으로 흘러나오면서 남부 흑인들의 손에 들어갑니다. 그러면서 흑인들은 백인들이 그동안 들어 보지 못한 전혀 다른 음악을 선보입니다. 바로 재즈였습니다.

재즈는 흑인 영가와 금관 악기의 밴드적 요소가 어우러지면서 시작했습니다. 재즈의 화음은 백인 음악과 달리 독특한 요소들이 많았는데 그 가운데 하나가 즉흥성입니다. 당시 재즈 음악인들은 같은 곡을 두 번 연주하는 법이 없었습니다. 왜냐하면 흑인들은 정식으로 음악 교육을 받지 않았기에 화성학을 바탕으로 악보를 작성하기 어려웠기 때문입니다.

그래서 청중들은 공연 때마다 완전히 다른 음악을 들을 수 있습니다. 틀에 박히지 않으면서도 애절하게 심금을 울리는 음악. 미국인들은 이 흑인들의 창조물에 매료됩니다. 재즈는 1900년대 초반부터 미국 전역에서 상당한 인기를 얻게 되지요.

블루스 역시 미국 흑인들이 만든 음악입니다. 블루스의 뿌리는 흑인들의 노동요였습니다. 미국에 팔려 온 흑인 노예들은 극심한 고통과 궁핍함을 노래로 표현했는데요. 재즈보다 단순한 멜로디에 절절한 가사로 듣는 이의 마음을 울리며 큰 인기를 얻었습니다. 1940년 이후 재즈의 리듬과 블루스가 섞이면서 리듬앤드블루스(R&B)가 생겨납니다. 이후 리듬앤드블루스는 흑인 음악을 지칭하는 단어가 됩니다.

재즈와 블루스는 모든 대중음악의 뿌리입니다. 1950년대 리듬앤드블루스가 백인들의 컨트리 음악과 섞이면서 로큰롤이 태동합니다. 로큰롤은 맨 처음 흑인 음악이었지만 1956년 백인 가수인 엘비스 프레슬리의 등장으로 새로운 전기를 맞게 됩니다. 그의 첫 히트곡인 '핫브레이크 호텔'의 가사를 보면 이 노래가 1950년대 청교도적 엄숙주의에 빠져 있던 백인들의 삶이 아닌 흑인들의 삶을 다룬 노래라는 것을 알 수 있습니다.

로큰롤을 예술적으로 세련되게 승화시킨 것은 영국인들이었습니다. 비틀스와 롤링스톤스 등 영국의 밴드들이 가세하면서 로큰롤은 세계적인 대중음악이 되고 이 로큰롤을 바탕으로 록이 탄생하지요. 이후 힙합, 랩 등 현대 대중음악의 다양한 장르가 재즈와 리듬앤드블루스를 토대로 나오게 됩니다.

우리가 늘 듣는 대중음악의 배경에는 이처럼 흑인의 고단한 삶과 아픔이 깔려 있습니다. 그래서일까요? 힘든 하루를 마치고 집에 돌아와 침대에 누워 가만히 음악을 들으면 어떤 안도감 같은 게 느껴지는 이유가.

# 설탕 없이 요리하기

요리에서 가장 극복하기 어려운 것은 다름 아닌 단맛의 유혹입니다. 요리가 달짝지근하면서 매우면 사람들은 맛있다고 느낍니다. 그래서 밖에서 사 먹는 요리는 대부분 달아요. 하지만 먹고 나면 속이 더부룩해집니다. 단 음식은 장기를 이완시켜 소화 능력을 떨어뜨리기 때문이에요.

학자들은 침팬지가 먹는 음식의 맛은 인간이 먹는 것보다 쓰고 떫다고 합니다. 음식이 완전히 익기 전에 먹기 때문입니다. 원시 인류도 마찬가지였을 겁니다. 350만 년의 역사에서 인간이 단맛을 즐기기 시작한 것은 엿과 설탕이 개발된 이후입니다. 인간의 몸이 단 음식을 제대로 소화하지 못하는 이유도 이런 이유일 겁니다.

따라서 요리에서 중요한 솜씨 가운데 하나는 '설탕 없이 단맛 내기'입니다. 가령 우리가 잘 먹는 떡볶이를 볼까요. 저도 떡볶이를 좋아하지만 정말 맛있는 집 아니고는 잘 사 먹지 않습니다. 요즘 파는 떡볶이는 매운 베트남 고추에다 설탕과 물엿을 아낌없이 넣어 만든 것이거든요. 처음에는 맛있지만 갈수록 물립니다. 매운 양념장에 비벼먹는 비빔냉면이나 쫄면도 마찬가지입니다. 그래서 저는 직접 만들어 먹습니다. 그럼 지금부터 맛도 좋고 소화도 잘 되는 단맛의 비결을 알려 드리죠.

설탕 없이 단맛을 내려면 과일을 이용하는 것이 가장 좋습니다. 갈비찜이나 불고기가 맛있는 것은 사과나 키위로 단맛을 내기 때문입니다. 대추와 밤도 같은 역할을 해요. 설탕보다 은은하고 격조 있는 단맛을 냅니다.

국물과 볶음에는 다른 방식으로 단맛을 냅니다. 요리사들이 멸치 국물을 낼 때 대파의 흰 부분이나 양파를 넣어 주는 것을 볼 수 있어요. 이런 재료는 국물 맛을 달콤하게 해 주는 역할을 합니다. 미림(단맛이 나는 일본 술)이나 청주도 효과가 좋습니다. 술에는 단맛을 내는 당분이 있기 때문이에요. 파스타에 와인을 넣는 것도 비슷한 이치입니다.

볶음에서는 양파와 사과가 가장 무난합니다. 멸치를 볶을 때 마지막에 양파 다진 것을 넣어 주면 맛이 확 달라집니다. 무침이나 비빔장에서는 설탕 대신 매실액을 넣어 주면 감칠맛이 납니다. 사과나 파프리카를 갈아 넣어도 효과가 있습니다. 떡볶이 소스에도 쓸 수 있어요. 어때요, 손길이 많이 가죠? 음식점에서 과연 이런 정성을 기울일 수 있을까요? 그래서 어머니나 할머니가 해 주는 밥상은 소박하지만 먹고 나도 속이 편한 겁니다.

# 13. 커피-노예 사냥꾼들 사색에 잠기다

> "커피 주전자는 우리에게 평화를 주고
> 커피 주전자는 아이들을 자라게 하며
> 우리를 부자가 되게 하나이다.
> 부디 우리를 악에서 보호하여 주시옵소서."
> ─커피의 원산지, 에티오피아의 기도문 가운데

커피는 설탕과 동전의 양면입니다. 모두 중동이 원산지입니다.

우리는 커피나 설탕 같은 음식들이 텔레비전이나 전화처럼 서양에서 왔다고 생각하지만 그렇지 않습니다. 서양은 그저 원산지에서 수입한 음식을 번창시켰을 뿐이에요. 대부분 원산지는 아랍입니다. 먹는 것뿐 아니라 종교, 숫자, 글자도 원래 아랍에서 출발했습니다. 알파벳이 유럽에서 쓰이고는 있지만 원래 소아시아였던 페니키아 글자입니다.

일본이 불교와 도자기를 세계에 자랑할 때 "진짜 원조는 우리 한국이야"라고 코웃음 치듯이, 아랍 사람들도 서양인들이 자신들의 문명을 자랑하면 어떨까요? "문명 도둑놈!" 이럴까요? 그러나 커피의 역사를 들여다보면 우리가 일본인을 비판하듯 아랍인들이 서양인들을 비판할 수는 없다는 생각이 듭니다.

## 세계 최초의 카페

설탕이 피의 역사인 노예 무역으로 유럽에 막대한 부를 가져왔다면 커피는 인류에게 지성을 가져왔습니다. 유럽인들이 모두 학살과 살육이나 일삼았다면 오늘날 서양 중심의 역사는 없었습니다. 그들이 오늘날 세계 무대의 중심에 서게 된 것은 민주주의의 힘 덕분입니다.

유럽 민주주의의 산실인 영국과 프랑스는 다른 제국주의 나라와 달랐습니다. 왕과 교황의 이름으로 학살이나 일삼던 스페인과 달리 영국의 후예들은 식민지에 의회를 만듭니다. 이 단순한(?) 차이는 200년 뒤 남미와 북미의 엄청난 격차를 만들었습니다.

정치는 인간 이성의 산물입니다. 우리는 '정치'하면 서로 욕하고 멱살 잡는 모습을 떠올립니다. 우리나라 국회가 아직 제 기능을 하지 못하기 때문이에요. 하지만 달리 생각해 볼 수도 있지 않을까요? 국회에서 그런 행위를 하지 않는다면 어떻게 될까요?

　민주주의라는 제도는 바깥에서 벌어질 싸움을 의회 안으로 끌어들입니다. 그 싸움이 정책 대결과 토론으로 간다면 가장 바람직하겠지만, 우리의 경우 민주주의의 역사가 짧아 제대로 운영이 안 되는 것뿐입니다. 인간이 민주주의라는 제도를 개발하지 않았다면 전쟁은 지금보다 훨씬 빈번했을 겁니다. 동물들의 세계와 다를 바가 없겠죠.

　민주주의의 꽃인 정당 제도는 복식 부기(재산의 이동과 손익을 정확하게 보여 주는 회계법)와 함께 근대를 이끈 인류 최고의 발명품으로 꼽힙니다. 그렇다면 정당이라는 발명품은 어디서 나왔을까요? 바로 영국의 카페인 '커피 하우스'입니다. 왜 그런지 살펴 볼까요.

　후추를 찾아 떠났던 스페인이 신대륙을 발견하면서 대항해 시대가 시작되었습니다. 유럽으로 동양의 진귀한 물건들이 쏟아져 들어오지요. 그 가운데 커피가 있었습니다.

　인간이 커피를 처음으로 발견한 곳은 아프리카였다고 합니다. 에티오피아 카파 지역의 한 목동이 이상한 열매를 먹은 양들이 평소보다 활기찬 걸 보게 됩니다. 바로 커피 열매입니다. 카페인의 각성 효과 때문에 양들의 기운이 넘쳐 보였던 거예요. 커피는 이 지역의 이름을 딴 겁니다. 커피는 이후 이슬람 사제들에게 정신을 맑게 하는 약으로 알려지면서 종교적 중심지인 메카에까지 진출합니다. 동로마 제국의 수도였다가 오스만 제국의 수도로 탈바꿈한 콘스탄티노플(현재의 이스탄불)에도 커피 하우스가 생기지요. 바로 1475년 문을 연 세계 최초의 카페 '키바한'(Kiva Han)입니다.

　새로운 것들은 대개 거부감을 일으킵니다. 이슬람 지배층은 사람을 흥분시킨다는 이유로 커피를 배척했어요. 하지만 이슬람의 지배자였던 술탄은 커피가 알코올이나 다른 음료에 비해 정신을 또렷하게 만든다고 생각해 보급을 권장합니다. 우리의 경우 조선 조정에서 차(茶) 문화가 사치를 조장한다고 금지했지만, 절에서는 널리 마신 것과 비슷합니다. 정신을 맑게 하기 때문입니다. 차나 커피나 모두 카페인 성분이 들어 있어 뇌를 각성시킵니다.

이슬람에서 커피를 들여온 유럽도 처음엔 경계했습니다. '이슬람의 물', '악마의 검은 차'라는 이름으로 불렸죠. 유럽은 없던 것이 생기면 무조건 '악마'를 붙이는 습관이 있나 봅니다. 토마토와 감자 역시 '악마의 과일'이라고 불렀으니까요. 하지만 '악마의 물'이라 불리던 커피는 순식간에 유럽에 퍼집니다. 가장 큰 인기 비결은 유럽인들이 물처럼 마시던 술을 대체할 수 있었기 때문입니다.

유럽의 물은 석회염이 떠 있는 경수(硬水)[6]가 많습니다. 우리나라 물은 이런 성분이 적은 연수입니다. 그래서 마시기가 좋습니다. 유럽은 물 대신 맥주를 만들어 먹었죠. 영국도 마찬가지였습니다. 영국인들은 동네 주점(클럽이라고 하죠)에서 매일 맥주를 마셨죠. 당연히 토론보다는 취해서 서로 얼굴 붉힐 일이 많았겠죠.

## 유럽의 커피 하우스

영국에서 최초로 커피 하우스가 생긴 곳은 대학가였습니다. '이슬람의 물' 혹은 '악마의 검은 차'라는 우스꽝스러운 선입견은 지성의 산실인 이곳에서 통하지 않았죠. 예컨대 옥스퍼드는 아랍의 문헌을 연구하는 학문이 발달해서 '아랍＝악'이라는 편견에서 자유로운 진보적인 곳이었습니다. 항상

---

6 칼슘이나 마그네슘 이온 등이 많이 포함된 물로 음료수로 이용하기가 어렵다. 센물이라고도 한다.

혁신은 생각이 열린 곳에서 일어납니다.

이런 배경으로 1650년과 1655년 옥스퍼드에서 '그랜드 커피 하우스'와 '티리야드'가 각각 문을 엽니다. 대학가에서 커피 하우스가 생겨난 것은 당시 유행했던 음주 문화를 대체하려고 학교가 권장했다는 설과 술에 절어 살던 대학생들이 해장을 위해 커피를 마셨다는 설이 있습니다. 지금도 외국인들은 해장을 커피로 합니다. 심지어 고기로 하는 경우도 봤습니다. 콩나물 해장국을 최고로 치는 저로서는 커피나 고기로 어떻게 해장을 한다는 건지 이해가 가지는 않습니다.

옥스퍼드를 시작으로 수도 런던을 비롯해 영국 전역에서 커피 하우스가 문을 엽니다. 너무 많이 생기는 바람에 커피 하우스에 남편을 빼앗긴(?) 부인들이 국회와 왕실에 금지법을 청원하기도 합니다. 당시 커피 하우스는 남성 전용이었습니다. "여자는 가라"였던 것이죠. 커피는 남성들의 지적 호기심을 불러일으켰습니다. 술판을 벌이던 남자들이 모여서 문학과 예술을 이야기하게 되었습니다. 대항해 시대의 모험담과 스페인 패망 이후의 유럽 정세에 대해서도 이야기했을 겁니다. 우리나라의 경우 1930년대에 소설가 이상이 서울에서 '제비'라는 다방을 열었더니 그 시대 예술인들이 모여든 것과 비슷한 이치죠.

중국에서 건너와 독일에서 본격화된 인쇄술도 토론 문화에 불을 지폈습니다. 『걸리버 여행기』나 『로빈슨 크루소』 같은 모험 소설은 이 시대 사람들의 상상력을 자극했습니다. 풍부한 이야깃거리는 더 많은 사람들을 커피 하우스로 불러 모았습니다. 문인, 정치인, 학자들이 모여 열띤 토론을 벌이는 정보의 중심지였지요. 누구라도 커피 값 1페니면 이런 지적 대화와 토론에 참여할 수 있었기에 '페니 대학'이라 불리기도 했습니다.

커피 하우스는 평등했습니다. 귀족이건 평민이건 주제에 관해 평등하게 이야기할 수 있었습니다. 런던의 '터키스헤드 커피점'에서는 세계 최초로 투표함이 등장합니다. 정치적 주제에 대해 손님이 자신의 의견을 표현하는 방법으로 투표제를 도입한 것입니다. 이 커피 하우스에는 명예혁명기의 분위기가 물씬 풍기는 공고가 다음과 같이 붙어 있었습니다.

"신사, 상인 여러분, 모두 함께 자리에 앉으십시오(여자는 못 들어오니까 숙녀라는 표현이 생략된 듯합니다). 이곳에는 높고 낮음이 없다는 것을 명심하십시오. 그저 적당한 빈자리를 찾아 앉으시기 바랍니다. 어느 누구도 높은 사람이 왔다고 해서 일어나 자리를 양보할 필요가 없습니다."

멋지죠, 이런 패기. 위아래 구분없이 자유롭게 토론을 하면 아이디어가 넘쳐 납니다. 이렇게 샘솟는 아이디어는 필연적으로 질적 변화를 가져옵니다.

커피 하우스에는 학술 단체와 정치적 모임이 생겨났습니다. 대표적인 것이 영국의 과학적 발전을 이끌어 간 왕립학회입니다. 노동당과 보수당의 원조인 토리당, 휘그당도 커피 하우스에서 생겨났습니다. 영국이 지금까지도 미국을 따돌리고 터줏대감 노릇을 하는 분야인 선박 보험과 채권업도 이때 만들어졌습니다.

영국 왕립학회는 근대 과학의 아버지로 일컬어지는 아이작 뉴턴을 비롯해 발전기의 원리를 만들어 전기의 생산이 가능하게 한 마이클 패러데이와 진화론을 창시한 찰스 다윈 등 수많은 과학자들을 배출합니다. 이후 왕립학회는 매우 권위 있는 모임이 되었어요. 가입이 허락되는 것이 지금의 노벨상을 받는 것만큼 영광이라고 할 정도였습니다. 인류의 지성이 폭발적으로 발전하던 시기도 이때입니다. 사람이 모여 머리를 맞대면 얼마나 놀라운 성과물이 나오는지 영국인들 자신도 놀랐을 겁니다.

프랑스에서도 영국의 왕립학회가 비슷한 모임인 파리 과학아카데미가 생깁니다. 유럽의 강대국이었던 영국과 프랑스는 이때부터 무력 대결이 아닌 과학 대결을 펼쳐 나갑니다. 커피 하우스는 프랑스에서 독특한 살롱 문화로 발전하면서 문학과 미술 등 예술의 발전을 이끌어 갑니다.

## 커피와 계몽주의

오늘날 우리가 17세기 커피 하우스를 주목해야 하는 이유는 그곳에서 인간의 존엄과 자유에 대한 논의가 싹텄다는 점 때문입니다. 프랜시스 베이컨(1561~1626)에서 싹튼 인간 이성에 대한 존중은 존 로크(1632~1704)로 이어집니다. 두 사람이 주춧돌을 놓은 영국의 경험론은 신학에 종속돼 있던 자연 과학을 중요한 학문으로 우뚝 세웠습니다. 인간의 경험을 바탕으로 한 경험론은 철학뿐 아니라 과학의 발전을 가져왔고 이는 산업 혁명의 원동력이 되었습니다.

프랑스에서도 비슷한 시기 데카르트(1596~1650)에 의해 합리론이 생겨납니다. 경험론이 인간의 관찰과 그 결과를 중요시했다면 합리론은 진리는 자명한 이치에서부터 시작해야 한다고 강조했습니다. 그는 특히 수학적 토대를 중시했습니다. 데카르트는 함수와 좌표를 최초로 만든 수학자이기도 합니다.

이처럼 경험론과 합리론에서 시작된 인간 이성에 대한 존중은 18세기 프랑스로 건너가 계몽주의로 꽃을 피웁니다. 계몽주의는 프랑스에서는 대혁명을, 미국에서는 노예 해방을 이끌어 냅니다. 덕분에 오늘날 인간의 존엄은 모든 이가 마땅히 누려야 할 권리가 되었습니다.

커피가 설탕과 함께 유럽에 전해진 것은 노예 무역 덕분이었습니다. 하지만 그 결과물인 커피를 마신 유럽인들은 자신의 불합리를 깨닫고 노예를 해방하죠. 또 인간의 존엄에 대한 이론을 수립하고 이를 정치적으로 실현합니다. 그러기까지 200년 이상의 시간이 걸렸습니다. 그러나 이는 350만 년의 인류 역사상 인간이 스스로 존엄을 선언한 일대 사건이었습니다. 커피는 바로 이 빛나는 이성의 향연을 낳은 계기였지요.

커피가 없었다면 영국인들은 아마 지금도 술집에서 줄담배를 피우면서 술만 마시고 있을지도 모릅니다. 정치적 논쟁 따위를 벌이다 서로 주먹다짐이나 하면서 말이죠. 영국이 신대륙에서 벌어들인 돈을 탕진하며 향락으로 에너지를 소비했다면 과학이나 철학에 빛나는 업적이 없었을 테지요.

## 왜 골프는 미터 대신 야드를 쓸까?

골프 중계를 보신 적 있나요? 그
렇다면 "마지막 18번 홀 450야드
에서 파를 지켜내 우승했습니다"
라는 식으로 중계하는 걸 들어 보
았을 거예요. 1야드를 미터법으로
환산하면 91.438센티미터예요.
0.9미터쯤 되는 거죠. 그런데 골프
는 왜 미터(m) 대신 야드(yard)를
쓸까요?

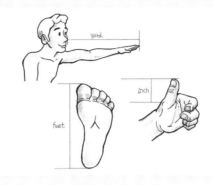

야드는 영국에서 비롯한 길이 단위입니다. 무게는 파운드(pound, 약 0.45kg)를 쓰죠.
야드 단위는 인체를 기준으로 합니다. 서양 남자의 코에서부터 손끝까지의 평균 길이입
니다. 비슷한 단위로 엄지손가락 길이인 인치(inch, 약 2.54cm)와 남자의 발바닥 길이인
피트(feet, 약 30.48cm)가 있습니다.

다소 불합리해 보이는 이 도량형을 영국과 그 식민지였던 미국이 씁니다. 골프는 영
국 스코틀랜드의 무료한 목동들이 들판에서 양의 창자로 만든 공을 막대기로 친 것이
유래입니다. 골프가 미터가 아니라 야드를 쓰게 된 배경입니다. 영국이 오늘날까지 야
드-파운드 법을 고집하는 이유는 그들의 경험론적 전통과 무관하지 않습니다. "옛것
은 좋은 것이여"를 고집한다고나 할까요.

야드의 대척점에 있는 것이 미터법이죠. 그런데 이 미터법의 출발은 프랑스예요.
1790년 프랑스 과학아카데미가 도량형이 너무 복잡하니 이를 통일해 달라는 정부의
요청을 받습니다. 많은 학자들이 모여 고민하다가 지구 자오선 길이의 4000만 분의 1을
1미터로 하기로 결정합니다. 이 기준점 1미터를 100으로 쪼갠 것이 1센티미터이고 다시
이를 10으로 나눈 것이 1밀리미터입니다. 십진법으로 손쉽게 도량형을 통일한 것이죠.
이런 식으로 1킬로그램과 1리터를 만들었습니다. 이런 도량형이 프랑스에서 나온 것은
그들이 대륙의 합리론에 전통을 뒀기 때문입니다.

합리적으로 의심할 수 있을 때까지 의심하자는 데카르트의 전통은 보편타당한 것을
추구합니다. "나는 생각한다. 고로 존재한다"라는 말로 유명한 데카르트는 이성으로
검증할 수 있는 보편타당한 진리만을 받아들이려 했던 수학자이자 철학자였습니다. 프
랑스를 비롯한 대륙의 국가들은 이런 데카르트적 전통을 이어간 겁니다.

하지만 영국은 야드보다 훨씬 그럴듯해 보이는 프랑스의 미터를 받아들이지 않았습니다. "프랑스 것은 와인과 코냑(와인을 증류한 프랑스산 브랜디) 빼고는 쓸 만한 것이 없다"고 말하는 사람들이 영국인들입니다. 나중에 실측해 보니 1미터가 지구 자오선 길이의 4000만 분의 1이 되지 않는다는 것이 알려집니다. 영국인들이 "거봐." 했겠죠. 현재는 '빛이 진공 상태에서 2억 9979만 2458분의 1초 동안 이동한 거리'를 1미터로 정하고 있습니다.

## 집에서 커피 맛있게 끓이는 네 가지 방법

커피는 확실히 머리를 맑게 해 줍니다. 성장기의 청소년에겐 과다한 카페인이 좋지 않을 수도 있습니다. 또 공복의 커피는 위에 자극을 줘 상하게 합니다. 뭐든 지나치면 좋지 않겠죠? 커피를 끓이는 방법은 여러 가지가 있어요. 하나하나 살펴보겠습니다.

1. 핸드 드립: 커피 가루를 필터에 담아 뜨거운 물을 투과시켜 추출하는 방식입니다. 종이 필터에 원두 가루를 한 큰술 넣습니다. 그 위에 끓인 물을 주전자에 담아 살살 작은 원을 그려 가면서 부어 줍니다. 필터를 통과한 커피를 모아 컵에 담으면 완성입니다. 깔끔한 맛을 선호하는 사람들이 좋아하죠.

2. 프렌치 프레스: 커피 가루에 뜨거운 물을 부어 커피 성분을 우려내는 방식입니다. 추출기 밑에 기호에 맞춰 커피를 담은 뒤에 끓는 물을 붓습니다. 프레스를 두어 번 밀었다 당겨 커피액을 추출합니다. 3~4분 정도 지난 후 찌꺼기가 올라오지 않도록 조심해서 커피를 따르면 됩니다. 신선한 원두로 만들 경우 커피 오일이 그대로 살아 있어 맛과 향이 좋습니다.

3. 모카 포트 에스프레소: 커피 가루에 압력을 가하면서 커피를 추출하는 방식입니다. 커피를 가장 강렬하게 먹는 방법입니다. 에스프레소를 집에서 만들어 먹을 수 있도록 고안한 도구가 모카 포트입니다. 알루미늄으로 된 이 커피포트는 수증기의 압력을 이용해 에스프레소를 만들어 냅니다. 휴대가 간편해 캠핑이나 MT 때 가져가면 인기가 좋습니다. 약불에 끓여야 커피 오일이 사라지지 않습니다.
끓이는 방법은 다음과 같습니다. 모카 포트 아래 부분을 돌려서 분리합니다. 노즐 아래까지 물을 붓고 깔때기를 올린 후 커피 가루를 담습니다. 모카 포트를 잠그고 불에 올리면 물이 끓기 시작해요. 이때 불을 줄입니다. 불이 세면 향기로운 거품이 사라지기 때문입니다. 잘 익은 빵 냄새 같은 커피 향이 올라오면 불을 완전히 끕니다. 주전자는 알루미늄 재질이기에 매우 뜨겁습니다. 조심하셔야 해요. 고등학생 정도는 돼서 도전하는 게 좋을 듯합니다 ('15금'이에요).

이렇게 번거로운 장치를 자동화시킨 것이 요즘 커피 전문점에서 사용하는 에스프레소 머신입니다. 높은 압력으로 뜨거운 물을 커피가루에 통과시켜 커피(에스프레소)를 바로 추출해 줍니다.

추출된 원액을 아이스크림을 담은 그릇에 부어서 시나몬을 뿌려 먹으면 맛있습니다. 식혀서 랩을 덮어 냉장고에 두고 얼음에 넣어 먹으면 바로 아이스 커피가 됩니다. 원액에 찬물을 부은 아이스 커피와는 맛과 향이 다릅니다.

4. 더치 커피: 뜨거운 물이 아닌 찬물을 커피 가루에 투과시키는 방식입니다. 커피 전문점에서 맛볼 수 있는데요. 찬물을 커피 가루에 방울방울 떨어뜨려 추출합니다. 오랜 시간을 두고 만들기에 카페인이 상당 부분 없어진다고 합니다. 더치 커피는 차갑게 먹어야 제맛입니다. 달콤한 케이크와 먹기에 좋습니다. 전용 장치가 있어야 하기에 집에서 만들어 먹기는 어렵습니다. 커피 전문점에서 병으로 판매합니다.

핸드 드립

# 14. 차 — 중국을 쓰러뜨린 향기

"좋은 차란 인도 차나 실론 차다.

중국 차는 설탕이나 우유를 넣지 않고 먹을 수 있는

경제적 장점이 있지만 인도 차만큼 매력적이지는 않다."

—조지 오웰 『차를 맛있게 먹는 11가지 방법』 중에서

음식이 역사를 바꿨다고 말하면 사람들은 고개를 갸우뚱합니다. '과연 그럴까?' 하는 표정도 짓습니다. 그러다가도 차(茶)를 이야기하면 고개를 금세 끄덕입니다. 음식이 역사에 미치는 영향은 은근하고 끈질깁니다. 큰 배가 서서히 방향을 바꾸듯 오랜 시간에 걸쳐 영향을 미칩니다. 마치 몸에 좋은 현미밥처럼 말이죠. 그런데 차는 예외입니다. 차는 은은한 향, 미묘한 맛과 달리 화끈하게 역사를 바꾸었습니다. 후추와 설탕, 커피와는 또 다른 면입니다.

## 영국 귀족의 홍차

"coffee or tea?"

우리가 비행기에서 기내식을 먹었을 때 승무원들이 꼭 묻는 말입니다. 항상 둘이 붙어 다니지요. 카페에도 커피와 차는 나란히 메뉴판에 올라옵니다. 하지만 역사적으로는 전혀 다른 길로 이어집니다. 커피가 이성이라면 차는 사

치로 갑니다. 사치의 끝은 어디일까요? 혼돈과 전쟁입니다. 그 어떤 제국이든 마지막은 사치와 탐욕으로 가득했습니다.

차는 인류 역사에서 두 번의 큰 전쟁을 불러옵니다. 이 전쟁으로 1000년간 세계의 중심이던 중국은 쇠퇴하고 이를 대신할 새로운 제국, 미국이 떠오릅니다. 차는 1700년 이후 세계 질서를 재편하는 데 결정적인 역할을 하게 돼요. 지금부터 천천히 이 이야기를 해 보도록 하겠습니다.

차는 '거의 모든 것의 발상지'인 중국에서 처음으로 먹기 시작했습니다. 중국도 유럽처럼 물이 좋지 않았어요. 석회염 등 광물질이 든 '경수'였기 때문에 그냥 마시기가 힘들었습니다. 기원전 200년 진나라 통일 이후 중국은 찻잎을 물에 넣어 먹기 시작했습니다. 본고장 중국에서조차 차는 귀한 대접을 받았어요. 혹시 『삼국지』의 첫 장면을 기억하십니까? 주인공인 유비가 돗자리를 팔아 어머니를 위해 비싼 차를 구입하면서 그 장대한 이야기는 시작됩니다.

차는 발효 여부에 따라 두 가지로 나뉩니다. 하나는 채취한 잎을 바로 먹는 녹차이고 다른 하나는 공기 중의 곰팡이로 발효시키는 발효차입니다. 발효차의 대명사는 홍차입니다. 한자로는 '붉을 홍(紅)' 자를 쓰지만 영어로는 'black tea'라고 합니다. 발효된 찻잎이 검붉은 색을 띠기 때문입니다.

유럽인들이 중국에서조차 진귀했던 차를 접할 수 있었던 것은 인도양 항로를 개척해 중국 마카오에 터를 잡은 포르투갈 덕분이었습니다. 그들이 마카오에 터를 잡은 데는 사연이 있습니다. 인도양 항로를 독점하면서 후추 무역으로 떼돈을 벌던 포르투갈인들은 동쪽으로 진출을 거듭해 중국에 도달합니다.

1553년 화물을 햇빛에 말리겠다는 이유로 마카오에 정박한 포르투갈 선원들은 중국 관리에게 뇌물을 주고 거주권을 확보합니다. 이후 1557년 포르투갈인들은 명나라 정부가 광둥 지방 정부에서 벌인 해적 토벌에 참가한 대가로 마카오 반도를 특별 거주 지역으로 만들어 버립니다. 당시 포르투갈 배는 안쪽에서 총과 대포를 쏠 수 있게 설계된 '움직이는 요새'였습니다. 포르투갈은 이렇게 무장한 배로 아랍의 선단과 맞섰고 인도양 항로의 패권을 장악합니다. 그런 포르투갈에 칼을 들고 설쳤던 중국 해적은 애초부터 게임이 되질 않았어요.

덕분에 휘황찬란한 문물을 눈앞에서 본 포르투갈은 중국의 제품을 수입해 부지런히 유럽으로 수출합니다. 수출품 목록에는 중국의 차가 들어 있었지요. 유럽에는 일본의 녹차와 중국의 홍차가 알려졌는데 일본의 녹차는 네덜란드가, 중국의 홍차는 포르투갈이 주로 수입했습니다. 이 중에서도 특히 홍차가 인기가 있었어요.

녹차는 우리나라나 일본의 물처럼 맑은 물 즉 연수에서 그 향과 맛이 납니다. 반면 경수였던 유럽의 물에는 홍차가 맞았던 것이죠. 홍차는 차 가운데서도 발효 정도가 가장 높습니다. 그래서 떫은맛이 강해요.

1662년 영국의 찰스 2세와 혼인하여 왕비가 된 포르투갈의 왕족 캐서린은 중국 차를 즐겼습니다. 프랑스에서 망명 생활을 했던 찰스 2세 역시 사치가 뭔지를 알았던 사람입니다. 요즘 말로 '좀 놀아 본 사람'이었던 거죠. 이처럼 왕가에서 홍차를 즐기면서 영국의 상류 사회에도 급속도로 퍼지게 됩니다. 재벌가에서 입은 옷과 핸드백이 세간에 유행하는 것과 비슷한 모양새입니다. "왕비마마가 홍차를 마신대, 중국 도자기 잔으로……" 이러면 시장에 바로 '로열'이 붙은 명품 차와 도자기가 선보이는 것이죠.

재미있는 것은 영국인들은 홍차에 설탕을 넣어 마셨다는 점입니다. 심지어

우유도 넣었죠. 이름하여 '로열 밀크티'로 불리는 블랙티 라테의 유래입니다. 그들이 홍차에 설탕을 탄 것은 맛보다는 부를 과시하기 위해서였습니다. 말씀드렸다시피 당시 설탕은 후추만큼이나 비싼 상품이었습니다.

캐서린 왕비는 그냥도 비싼 홍차에 그 비싼 설탕을 넣어서 마신 겁니다. 그러면서 "너희가 설탕 맛을 알아?" 하고 거드름을 피웠겠죠. 요즘 말로 '된장질'을 한 것입니다. 그랬더니 금세 귀족들이 따라 합니다. 나중에 설탕값이 싸지면서 서민들도 설탕을 넣어 먹게 돼요.

영국인들의 홍차 사랑은 유난했습니다. 춥고 습한 기후의 영국 사람들에게 따뜻한 홍차는 단순한 음료라기보다 약처럼 느껴졌겠죠. 그전까지 영국인들은 맥주나 진(gin)을 마셨습니다. 홍차는 이들에 견줘 훨씬 격조 있고 건강에도 좋았어요. 특히 나무 열매로 만드는 값싼 술인 진은 영국인들을 알코올 중독으로 인도했습니다. 길에서 잠든 알코올 중독자들에게 습하고 추운 영국의 겨울은 끔찍했죠. 정부는 시민들에게 술 대신 차를 적극 권장합니다. 귀족들이나 서민들이나 홍차가 필요했던 것이죠. 이런저런 이유로 홍차의 수입은 급증합니다. 1741년 80만 파운드에 불과했던 차 수입량은 1748년 1100만 파운드로 급등합니다. 1693년에서 1793년까지 100년 동안 차 수입량은 400배나 증가하지요.

## 아편 전쟁과 보스턴 차(茶) 사건

영국은 찻값으로 당시 국제 화폐였던 은을 엄청나게 많이 중국에 지불했습니다. 반면 영국이 중국에 팔 것은 거의 없었습니다. 영국이 자랑하는 세계 상품인 면직물도 비단을 입던 중국인들에겐 외면당했습니다. 영국은 차뿐만 아니라 비단과 도자기, 향신료 등 다양한 사치품들을 중국으로부터 수입했습니다. 요즘도 골칫거리인 무역 적자가 발생한 것이죠.

영국은 무역 적자가 눈덩이처럼 쌓이자 나쁜 꾀를 냅니다. 마약을 팔기 시작한 겁니다. 양귀비에서 추출하는 아편은 강한 중독성이 있는 마약입니다. 영어로는 헤로인이라고 하지요. 자신들은 몸에도 좋고 맛도 좋은 차를 수입해 즐기면서 정작 중국에는 몹쓸 마약을 수출한 겁니다. 그 결과 홍콩과 심천 등이 있던 광둥성 지역을 중심으로 아편 중독자가 급속하게 늘어나요. 당연히 중국 정부는 아편 수입을 금지하지요. 그러나 영국은 이를 무시하고 계속 아편을 수출합니다. 그러다 결국 1840년, 두 나라 간 전쟁이 일어납니다. 바로 아편 전쟁입니다.

영국의 군대는 강력했습니다. 스페인, 프랑스, 네덜란드 등 유럽의 강국과 숱하게 싸워 이긴 경험을 가지고 있었지요. 영국은 중국 해군을 손쉽게 이깁

니다. 이때 아이러니하게도 중국에서 발명한 화약이 한몫하지요. 원래 화약
은 중국인들이 축제 때 쓰려고 발명한 것이에요. 이를 수입한 유럽인들은 사
람을 죽이는 데 사용했습니다. 대표적인 살상 무기인 총도 유럽인들의 작품
이죠.

　1842년 중국과의 전쟁에서 승리한 영국은 막대한 전쟁 배상금을 요구합니
다. 또한 100년 동안 홍콩 땅을 사용할 권리를 얻게 되죠. 이를 계기로 로마
와 함께 세계에서 가장 강한 국가였던 동양의 거인 중국이 몰락하기 시작합
니다. '동네북'이 된 중국은 러시아, 독일 등과 굴욕적인 외교 조약을 맺게 되
고 1895년 조선을 놓고 벌인 일본과의 전쟁에서도 패하면서 나라 자체가 거
대한 혼란에 빠집니다. 중국이 다시 일어선 것은 1980년대입니다. 사회주의
중국은 덩샤오핑의 개방 정책이 시작되면서 서서히 예전의 명성을 되찾게 됩
니다. 아편 전쟁 후 170년이 지난 지금은 미국과 함께 세계를 지배하는 'G2'

(group of two) 국가로 불립니다.

차와 관련한 영국의 '비신사적'인 행동은 식민지 미국에서도 고스란히 자행됩니다. 영국은 중국 차 수입으로 생긴 손실을 보상하고자 식민지 미국에 막대한 세금을 붙여 인도 차를 팔았습니다.

실용적인 미국인들은 당시 네덜란드 등에서 파는 저렴한 차를 수입해서 마셨습니다. 안 되겠다 싶었던 영국이 미국의 차 공급을 독점한다는 법률을 공포합니다. 쉽게 말해서 영국이 파는 비싼 차만 마시라는 거죠. 분노한 미국의 독립 운동가들이 인디언으로 변장한 뒤 보스턴 항구에 정박해 있던 영국 배에 숨어들어 거기 실린 차를 모두 바다에 던져 버립니다. 바로 미국 독립 전쟁의 시발점이 된 '보스턴 차 사건'(1773년)입니다. 결국 프랑스의 지원까지 받은 미국인들은 영국을 물리치고 1776년 독립을 쟁취합니다.

독립국이 된 미국은 영국의 비싼 차 대신 커피를 마시기 시작해요. 당시 커피를 생산하던 중남미와 지리적으로 훨씬 가까웠기 때문입니다. 영국은 식민지와 함께 거대한 차 시장을 잃어버렸습니다. 반면 식민지 미국은 독립 후 100년에 걸쳐 세계를 지배하는 초강대국으로 떠오르지요. 차에는 이처럼 과거 세계를 지배했다는 영국과, 현재 세계를 지배하고 있는 중국과 미국 두 나라의 역사가 얽혀 있습니다. 이처럼 직접적이고 화끈하게 세계 역사에 영향을 미친 음식이 또 있을까요? 달콤 쌉싸래한 홍차의 향기 뒤편에는 이런 역사의 소용돌이가 숨어 있습니다.

## 유럽에서 가장 가난한 나라였던 포르투갈의 저력

포르투갈은 1400년대까지 유럽에서 가장 가난한 나라였습니다. 스페인 식민지에서 갓 독립한 인구 100만 명의 나라였지요. 작은 나라 포르투갈은 어떻게 인도양 항로를 발견하고 향신료 무역을 독점할 수 있었을까요? 아프리카는 물론 인도와 말레이시아까지 군사 기지를 운영하는 초강대국이 될 수 있었던 비결은 무엇일까요?

포르투갈의 새로운 역사는 동 엔히크(1394~1460)에서 시작합니다. 포르투갈의 왕자였던 그는 신앙심이 깊은 어머니의 영향으로 평생 독신으로 지내면서 이베리아 반도를 식민 지배하고 콘스탄티노플을 함락시킨 이슬람 세력을 견제하는 것을 삶의 목표로 삼았습니다.

이슬람교도인 북아프리카 무어인들은 8세기부터 13세기 말까지 포르투갈 지역을 다스렸습니다. 그들은 포르투갈 사람에게 이슬람 개종을 강요하고 이를 거부한 사람은 노예로 팔았다고 합니다.

바다 건너 이슬람 세력에 대한 두려움이 있었던 포르투갈은 바다로 선뜻 나가지 못했습니다. 또한 당시 유럽인들은 북회귀선만 건너면 끓어오르는 바다가 나온다고 여겼습니다. 한마디로 멀리 나가면 죽는다는 것이었죠. 공포는 무지에서 오는 것입니다.

엔히크는 20대였던 1415년 아버지 동 주앙 1세를 따라 지금의 모로코 땅인 세우타(Ceuta)를 정복합니다. 수백 년간 자신들의 땅을 점령했던 무어인에게 일종의 복수를 한 것입니다. 그는 사하라 건너편에서 아랍의 상인들이 금과 향신료를 들여오는 것을 보면서 교역을 꿈꾸게 됩니다. 아프리카 대륙 어딘가에 있다는 사제왕 요한 그리고 금과 향신료의 왕국이 그의 머리에 강렬하게 자리 잡게 됩니다.

엔히크는 포르투갈 남부 사그레스에 세계 최초의 항해 학교를 만듭니다. 그곳에서 아랍의 기술을 빌려 배와 지도를 만들지요. 당시 아랍인들은 지도와 나침반으로 먼바다까지 항해하고 있었습니다. 엔히크는 조각배 수준이던 포르투갈의 배를 개선해 나가며 아프리카 건너편을 꿈꿉니다. 그리고 마침내 1435년 포르투갈 선원들은 금기이자 마의 벽이었던 북회귀선을 돌파합니다.

당시 포르투갈의 배는 유럽의 다른 배와 달리 삼각돛이었습니다. 당시 아랍의 상인들이 사용하던 삼각돛은 사각 돛과 달리 역풍에서도 배를 전진시킬 수 있었습니다. 비행기의 날개처럼 기압 차를 이용할 수 있었기 때문입니다. 아랍의 앞선 기술을 받아들인 포르투갈의 삼각돛은 유럽으로 전파되면서 대항해 시대를 열었습니다. 그러나 포르투갈이 새로운 세상으로 나갈 수 있었던 것은 삼각돛 때문만은 아닙니다.

1143년 최초로 독립 왕국을 만들고 1249년 무어인을 국토에서 축출한 포르투갈은 1383년 상인과 관리 계급들의 시민 혁명으로 스페인(카스티야 왕국)의 꼭두각시였던 보수 세력인 귀족들을 몰아냅니다. 이는 청교도 혁명(1628)과 명예혁명(1689) 등으로 왕의 전횡을 견제한 영국보다 300년가량 앞선 것입니다. 뭐든 해 보자는 의지가 충만했던 포르투갈은 말 그대로 젊은 나라였던 것입니다.

　　역사학자들은 대항해 시대에, 오직 절박한 자들만이 아시아로 향했다고 말합니다. 무어인의 마지막 유럽 식민지였던 포르투갈은 그래서 바다로 나아갔을지도 모릅니다. 그들은 절박함 속에서 삼각돛이란 최신의 기술을 받아들이고 시민 혁명을 통해 새로운 정치 체제를 이룩했습니다. 이를 배경으로 인구 100만 명의 작은 나라 포르투갈은 세계 역사를 뒤집는 대항해 시대를 열 수 있었던 것입니다.

## 마시지 말고 먹자, 차로 만드는 간편 요리

마시는 차를 이용한 요리입니다. 녹차에 밥을 말아 먹는 일본의 오차즈케가 있고 우리나라도 시원한 냉녹차에 보리굴비를 올려 먹는 요리가 있죠. 나중에 부모님께 졸라서 한번 맛보세요. 이 맛을 이해하면 미각이 상당한 수준이라고 할 수 있습니다. 여기서는 보리굴비보다 만들기 쉬운 오차즈케를 소개하겠습니다.

재료(1인분): 명란 반쪽, 밥, 녹차, 김 가루.

1. 명란을 알루미늄 포일에 싸서 살짝 굽습니다. 통째로 구워도 되고 명란을 살짝 으깨서 구워도 됩니다. 귀찮으면 안 굽고 그냥 으깨서 참기름을 살짝 뿌립니다.

2. 구운 명란을 밥에 올리고 김 가루를 뿌립니다.

3. 우려낸 녹차를 붓습니다. 여름에는 찬 녹차를 부어서 먹어도 시원합니다.

**심화 과정**: 구운 명란 외에 달걀 스크램블, 간장에 절인 흰 살 생선, 참치 살, 구운 연어 살 등을 각각 넣어 먹어도 맛있습니다. 수입품 코너에 가면 오차즈케 프레이크를 구할 수 있습니다. 김 가루에 마른 야채, 마른 생선 등이 들어 있는데 간편하게 이용할 수도 있습니다. 약한 불에 죽처럼 끓여먹어도 맛있습니다.

# 15. 감자-원수를 사랑한 '악마의 열매'

> "나는 램프 불빛 아래에서 감자를 먹고 있는 사람들이
> 접시를 내밀고 있는 손, 자신을 닮은 바로 그 손으로
> 땅을 팠다는 점을 분명히 보여 주려고 했다.
> 그 손은, 손으로 하는 노동과 정직하게 노력해서
> 얻은 식사를 암시하고 있다."
>
> —고흐가 동생에게 보낸 편지에서

요즘 '먹방'이라는 말이 유행이죠. 먹방은 맛있게 먹는 모습을 찍은 방송 화면을 뜻하는 속어입니다. 사람은 다른 사람이 먹는 모습을 보면 자연스럽게 식욕이 돕니다. 이 세상에서 제일 맛있는 라면은 남이 끓여서 먹고 있는 라면이라는 말이 있을 정도죠. 현대인들은 먹는 것에 관심이 많습니다. TV 속엔 맛난 음식들로 가득합니다. 날씬한 몸매를 강요하면서 한편으로는 계속 맛난 것을 보여 줘요. 끊임없는 경쟁에서 받는 스트레스를 먹는 것으로 풀기도 합니다.

## 유럽에 건너온 감자

저는 이 '먹방'의 원조는 네덜란드 화가 빈센트 반 고흐(1853~1890)라고 생각해요. 그는 서민들의 식사 장면을 그린 그림으로도 유명합니다. 예술혼에 불타 자신의 귀를 자를 정도로 그림에 몰두한 고흐는 강렬한 표현으로 전혀

새로운 회화를 창조한 화가입니다. 원래 아버지를 따라 성직자가 되어 불쌍한 사람들을 돕는 것이 꿈이었던 그는 화가가 된 뒤에도 가난한 사람들의 삶에 관심을 보입니다. 〈만종〉의 화가 밀레처럼 농민의 삶을 그리기 위해 낮은 곳으로 임하지요. 벨기에의 탄광 지역에서 일하기도 하고 목사인 아버지의 새 부임지인 네덜란드의 농촌에서 농사를 짓기도 합니다.

그리고 1885년 그는 가난한 농부들의 저녁식사 모습을 담은 〈감자를 먹는 사람들〉을 그립니다. 그림은 어둡고 침울합니다. 식탁에는 감자와 차가 전부입니다. 잔 받침 없는 찻잔은 서민들의 식탁을 상징합니다(당시 유럽에서는 잔 받침이 필수였습니다. 영국인들은 잔 받침이 없이는 절대 차를 마시지 않았다죠). 그러나 고단해 보이지만 이들의 얼굴에는 기품이 있습니다. 힘든 노동이지만 이들은 대지에 뿌리내려 사는 사람들입니다.

고흐는 동생에게 보낸 편지에서 "그들이 먹는 감자를 만들어 낸 그들의 손, 자산을 닮은 그들의 손이 부각되게 그렸다"라고 말합니다. 먹는 표정과 속도만 부각시키는 요즘의 '먹방'과 달리 고흐는 먹는 사람의 마음마저 헤아렸던 것이죠.

감자는 18세기 유럽의 가난한 사람들에게 한 끼를 해결해 주는 대표적인 양식이었습니다. 하지만 처음부터 유럽인들이 감자를 먹었던 것은 아닙니다. 유럽의 다른 음식들처럼 감자도 신대륙인 아메리카로부터 옵니다.

스페인 탐험가 프란시스코 파사로는 1533년 잉카 제국을 정복했습니다. 그는 잉카 족장 타우알파를 죽인 후 금은보화를 빼앗아 스페인으로 돌아가면서 감자를 가져갔습니다. 스페인 선원들은 감자를 항해할 때 먹는 식량으로 썼습니다. 부피에 비해 영양분이나 칼로리가 풍부했고 저장성도 좋았기 때문입니다.

유럽에 건너온 감자는 '악마의 열매'로 불렸습니다. 당시 유럽인들은 신대륙에서 건너온 것 대부분에(담배 빼고는) '악마'를 붙였어요. 감자는 유독 배척당했습니다. 이유는 바로 감자 눈에 있는 독성 때문이에요. 먹을 때는 이걸 제거해야 하는데 유럽인들은 그걸 몰랐습니다. 그냥 먹고서는 배탈이 나요. 몸에 안 좋다는 소문이 돌더니 문둥병을 옮긴다는 오해까지 받습니다.

감자는 땅 위가 아니라 흙 속에서 캐야 합니다. 유럽의 귀족들은 이런 이유로 감자를 천하게 생각했습니다. 그러나 감자는 저장성 외에도 많은 장점이 있었습니다. 춥고 건조한 곳에서도 잘 자랍니다.

쌀이나 밀과는 달랐어요. 탈곡과 제분 작업도 필요 없었습니다. 그냥 캐서 삶거나 구우면 끝이에요. 비옥한 땅이 부족했던 유럽인들에겐 축복이나 다

름없었습니다. 남미에서 농업 혁명이 일어나지 않았던 것은 바로 감자라는 매력적인 작물이 있었기 때문입니다.

## 가난한 자의 양식

'악마의 열매' 논란에도 불구하고 유럽은 감자의 매력에 빠져들게 됩니다. 감자를 최초로 재배한 나라는 스페인입니다. 이들은 감자를 가난한 사람들에게 나눠 주는 구휼 음식으로 사용했습니다. 일부 국가에서는 저장성이 좋은 감자를 전쟁 물자로 사용하기도 했습니다. 제일 먼저 감자를 주식으로 사용한 곳은 아일랜드였습니다. 이들이 감자를 먹게 된 것은 영국의 수탈 때문이었습니다. 식민지 통치자인 영국이 먹을 것을 깡그리 가져가 버렸기 때문이에요. 그래서 당시 돼지나 소의 사료로 쓰던 감자를 먹기 시작한 것입니다. 아일랜드는 당시 서유럽에서 가장 가난한 나라 중 하나였습니다.

그러다 1847년 감자 잎마름병이 번지면서 대기근이 발생합니다. 감자에 의존하던 아일랜드 사람 100만 명 이상이 굶어 죽어요. 영국은 아무런 조치도 취하지 않습니다. 오히려 이웃 나라가 아일랜드를 돕겠다고 나섰을 때 이를 거절하기까지 하지요. 제국주의는 유색 인종뿐 아니라 가난한 이웃 백인에게도 가혹했던 것입니다.

결국 아일랜드인들은 생존을 위해 신대륙으로 이민을 떠납니다. 그러나 이마저도 쉽지 않아 가는 배 안에서 절반가량이 굶어 죽어요. 살아남아 신대륙에 도착한 이들이 미국과 캐나다에 정착합니다. 미국 인구 중 아일랜드계가 독일계에 이어 두 번째로 많은 것은 이런 이유 때문입니다.

감자의 매력에 흠뻑 빠져 감자 보급에 나선 곳은 후발 제국주의 국가였던 독일이었습니다. 독일(당시 프로이센)의 프리드리히 2세(1740~1786)는 다른 나라들이 천하게 여기던 감자를 매일 먹으면서 홍보합니다. 독일은 지금도 감자와 소시지의 나라로 유명하지요. 독일의 영향으로 프랑스에서도 감자를 먹기 시작합니다. 오죽하면 감자튀김을 프렌치 프라이(프랑스식 튀김)라고 할까요?

왕궁의 정원에서 감자를 직접 키운 프랑스 왕비 마리 앙투아네트는 감자꽃을 모자에 꽂고 다니기도 했다고 합니다. 감자는 희고 작은 꽃이 앙증맞습니다. 장미꽃과 백합 등 크고 화려한 꽃에 전념하는 귀족 부인들과 달리 감자꽃을 꽂은 왕비는 분명히 주목을 받았을 겁니다. 요즘 야생화가 유행하듯 말입니다.

아일랜드인들이 생사의 기로에서 감자를 먹으며 버텼을 때 영국 귀족들은 스테이크를 먹었습니다. 신대륙에서 들어오는 값싸고 질 좋은 소고기로 만들어 먹었죠. 그러나 하층민들에겐 여전히 그림의 떡이었습니다. 대신 피시앤드칩스를 먹었습니다. 피시앤드칩스는 생선과 감자를 튀긴 것입니다. 오늘날 우리가 먹는 생선 커틀릿(보통 '생선가스'라고 하죠)과 비슷합니다. 원래는 영국 남

서부 해안가 웨일스 지방 음식이었지만 산업 혁명 후 노동자들의 간편식으로 빠르게 퍼져 나갑니다. 감자가 산업 혁명의 한 주축을 담당한 중요한 음식이었던 것이죠.

저는 남미의 감자가 유럽에 들어와 변신하는 과정을 보면서 이런 바보 같은 음식이 또 있을까 하고 생각했습니다. 자신들을 키워 주었던 주인들인 남미의 선주민들을 학살하거나 이역만리로 데려간 유럽인들의 배고픔을 채워 줬기 때문이죠. 가족을 죽인 원수에게 밥을 지어 주는 순박한 농부의 얼굴이 떠올랐기 때문입니다.

음식은 누가 먼저 먹었느냐가 아니라, 살아남아 역사를 쓰고 기록하는 자들의 식탁에 올라가느냐가 중요합니다. 커피와 설탕처럼 말입니다. 그래서 음식은 가끔 입이 아니라 차가운 이성으로 먹는 것이라는 생각을 하게 됩니다.

## 마녀사냥은 끝날 수 있을까?

감자를 '악마의 열매'라고 불렀던 근대 이전 서양의 무지를 보여 주는 사례는 너무나 많습니다. 이는 그리스 로마의 지적 토대를 기독교가 신의 권위를 앞세워 정치적으로 억눌렀기 때문입니다. 그 가운데 압권은 '마녀재판'이었습니다.

흥미로운 점은 마녀사냥을 위한 '마녀재판'이 중세가 슬슬 막을 내리던 대항해 시대인 16세기 말부터 17세기에 절정을 이뤘다는 점입니다. 왜 하필 근대를 코앞에 둔 시점, 지구가 세상의 중심이며 평평하다는 중세적 신념이 깨지기 시작한 시기였을까요?

역사가들은 중세 사회가 해체되고 신교와 구교의 갈등이 벌어지면서 사회가 혼돈에 빠지자 희생양을 요구한 것으로 봅니다. '악마' 또는 '마녀'라는 것이 사회적 불안을 차단하는 일종의 통치 수단으로 이용되었던 것입니다. 1930년대 파시즘이 들어서면서 인종 청소를 하던 것과 비슷합니다. 시대의 광기 앞에는 빛나던 이성이 멈춰 버리는 것일까요?

마녀 (?) 사냥

마녀사냥으로 살해된 여성은 1만 명이 넘는 것으로 추산되고 있습니다.

한번 마녀재판에 들면 빠져나올 방법이 없었습니다. 증거는 무시무시한 고문으로 얻어 낸 자백으로 충분했습니다. "네 죄를 네가 알렸다." 한마디면 그만이었지요. 마녀로 몰린 사람들은 자신이 하지도 않은 일을 인정하고 친구와 이웃을 마법 행위자로 고발했습니다. 그리곤 대부분 화형이나 참수를 당했습니다.

교황청은 친절하게 이런 마녀사냥의 근거를 제공해 주었습니다. 1484년 교황 인노켄티우스 8세가 내린 칙서는 마녀재판을 제도화했고 독일의 신학자들은 『말레우스 말레피카룸』이란 책에서 여성을 '불완전한 동물'로 정의하고 있었습니다. '마녀의 망치'라는 뜻의 제목을 가진 이 책은 당시 최고의 베스트셀러였습니다.

구교도의 횡포에 맞서 많은 사람들이 신앙의 자유를 찾아 떠났던 신대륙 미국에서도 마녀재판은 일어났습니다. 1692년 미국 매사추세츠 세일럼이라는 마을에서 인도 출신 하녀를 마녀로 몰아서 고문하는 사건이 일어납니다. 하녀는 고문을 견디다 못해 자신이 마녀라고 말합니다. 또한 동네 여관 주인과 교회를 다니지 않는 여자 등 이웃을 마녀로 지목합니다. 이런 식으로 그해 5월부터 10월까지 185명이 체포돼 25명이 목숨을 잃었습니다.

미국인들은 이 사건을 미국 역사에서 치욕스런 일 중 하나로 기억하고 있습니다. 종교적 야만에 시달리다 자유를 찾아 대서양을 건너간 이주민들이 똑같은 짓을 저질렀으니까요. 그렇다면 미국에서 마녀사냥이 사라진 건 언제쯤일까요? 안타깝게도 최근까지 계속됩니다.

2차 세계 대전 직후인 1950년께 미국에는 매카시즘(극단적인 반공주의)이라는 또 다른 마녀사냥이 시작됩니다. 공산주의자에 대한 대대적인 색출 작업을 벌입니다. 그 과정에서 이념과 상관없는 많은 사람들이 피해자가 됩니다. 이 일로 일부는 아예 미국을 떠나야 했지요. 그중 한 사람이 배우이자 감독인 찰리 채플린입니다. 그는 1952년 공산주의자로 낙인찍혀 추방당해요. 그 후 1971년 아카데미 공로상을 받으러 입국할 때까지 무려 20년 동안 돌아가지 못했습니다. 마녀사냥이란 사회 구성원의 이성이 뭔가에 현혹되면서 침묵하는 그 순간 자행됩니다.

우리는 이런 마녀사냥에서 자유로울까요? 인터넷에 오른 동영상을 보고 '신상 털기'를 하고 집단적으로 폭력을 행사하고 있지는 않습니까? 우리의 이성은 지금 안녕하신 걸까요?

## 감자 샐러드, 세상에서 가장 쉬운 요리

감자는 참 어떻게 먹어도 맛있는 요리입니다. 전 매콤하게 요리한 감자조림을 최고의 반찬이라고 생각합니다. 감자의 걸쭉한 전분과 매콤한 고추기름이 어우러져서 식감을 자극하기 때문입니다.

감자는 요리하기도 간단합니다. 그냥 물에 넣고 삶으면 됩니다. 오븐에 구워도 되지요. 삶거나 찌는 것보다 굽는 게 더 맛있다는 것은 요리의 상식입니다. 가스 오븐은 다루기가 까다롭지만 광파 오븐이나 전기 오븐은 한번 도전해 볼 만합니다. 타이머가 있어 안전하니까요.

재료(1인분): 감자 2~3알, 마요네즈, 플레인 요구르트, 소금, 넛메그, 후추.

1. 감자 껍질을 까서 삶습니다. 소금을 약간 넣은 물에 푹 잠기도록 해야 잘 삶아집니다. 불의 세기에 따라 20분 이상 걸립니다. 젓가락으로 찔러 봐서 쑥 들어가면 익은 것입니다.

2. 삶은 감자를 절구나 국자로 으깹니다.

3. 마요네즈 한 큰술과 플레인 요구르트를 넣고 비빕니다.

4. 마요네즈로 간을 맞춥니다. 넛메그와 후추를 넣으면 향기와 맛이 좋아집니다. 삶은 달걀이나 양파를 넣어도 좋습니다. 쉽게 만드는 맛있는 감자 요리가 완성됩니다.

# 16. 곰팡이
## −35억 년을 기다려 양지로 걸어 나오다

한 숟가락 흙 속에
미생물이 1억 5천만 마리래!
왜 아니겠는가, 흙 한 술,
삼천대천<sup>*</sup> 세계가 거기인 것을
—정현종의 시 「한 숟가락 흙 속에」 중에서

<sup>*</sup>삼천대천: 불교에서 말하는 우주

우리는 곰팡이의 '곰' 자만 들어도 불쾌해집니다. 곰팡이에 대한 이미지가 좋지 않아요. 장마철 곰팡이는 옷장과 벽지에 얼룩을 냅니다. 금강 변에 사는 저는 지난여름 곰팡이 덕분에 잊지 못할 경험을 했습니다. 장마철 강에서 몰려온 습기로 옷장이 곰팡이로 초토화된 것입니다. 20년 동안 입어 온 평생의 보물 1호인 양복에 커다란 구멍이 났을 정도였습니다(버렸느냐고요? 아뇨. 수선해서 입고 있습니다).

## "이게 바로 효모다"

곰팡이는 균의 일종입니다. 하지만 꼭 나쁜 생명체는 아니에요. 전체 균 가운데 인간에게 유해한 병원성 균은 전체의 3퍼센트도 안 됩니다. 곰팡이를 비롯한 균은 인간에게 유익합니다. 게다가 균이 없었다면 지구의 생명은 존재하지도 않았을 거예요.

인간보다 30억 년 앞서 지구에 살기 시작한 곰팡이는 오랫동안 익명으로 살아왔습니다. 인간들이 곰팡이를 비롯한 미생물의 존재를 알게 된 것은 불과 200년 전이에요. 그전에도 인간은 밀가루 반죽을 효모가 부풀린다는 사실을 알고 있었습니다. 그러나 눈으로 직접 미생물의 존재를 확인한 것은 현미경이 발명되고 나서예요.

인간은 오랫동안 술과 빵의 기적을 신이 행하는 것으로 생각했습니다. 앞에서 말씀드렸던 디오니소스를 생각해 보세요. 당시 사람들은 신이 포도주를 만들었다고 여겼습니다.

음지에서 익명으로 살아온 곰팡이를 빛의 세계로 이끈 사람은 프랑스의 미생물학자 루이 파스퇴르(1822~1895)입니다. 1857년 파스퇴르는 포도 껍질에 붙어 있는 효모균이 포도를 발효시킨다는 사실을 과학적으로 증명했습니다.

현미경이 발견된 지 200여 년 후 파스퇴르에 의해 효모균의 존재와 역할이 확인된 것입니다. 인간을 만물의 영장으로 성장하게 한 '관찰의 힘'을 파스퇴르가 다시 보여준 것입니다. 이와 동시에 수천 년간 술의 신 자리에 있던 디오니소스는 은퇴하게 됩니다.

파스퇴르 자신도 "나의 강점은 바로 끈기다"라고 말합니다. 불과 곡식의 발견이 원시인의 오랜 관찰이었듯이 그가 "이게 바로 효모다!"라며 무릎을 칠 수 있던 것도 은근과 끈기의 결과였습니다. "공부는 머리가 아니라 엉덩이로 한다"는 말이 나온 이유입니다.

곰팡이의 존재를 확인한 인간은 깜짝 놀랍니다. 공기에서 생명이 창조된다는 자연 발생설이 틀렸다는 것을 깨달았기 때문입니다. 당시 과학자들은 생명체가 공기 중에서 저절로 발생한다고 생각했습니다.

벨기에의 의사 헬몬트(1579~1644)는 지하실에 밀과 우유를 적셔 놓은 옷을 가져다 놓으면 쥐와 벌레가 생긴다는 걸 근거로 공기 중에서 동물이 생긴다는 자연 발생설을 주장합니다. 지금 관점으로 보면 참 한심하게 보이기까지 한 실험이지만 당시에는 설득력이 있었죠.

균(菌)은 영어로 박테리아(bacteria)입니다. 곰팡이는 실 모양의 몸체인 균사(菌絲)를 가진 진균류를 총칭합니다. 동글동글한 호빵처럼 생긴 효모는 균사가 없습니다.

균과 비슷한 것 가운데는 햇빛으로 광합성을 하는 조류(藻類)가 있습니다. 이것과 균의 가장 큰 차이는 스스로 양분을 만든다는 점입니다. 조류는 매우 작아서 현미경으로 봐야 합니다. 균과 조류, 그리고 균과 비슷하지만 크기가 더 작고 독특한 방식으로 번식하는 바이러스를 미생물이라고 합니다.

음식에서 균을 발견한 인간은 균이 질병의 원인이라는 사실을 깨닫습니다.

덕분에 치료 방법도 알게 되지요. 균을 조금씩 미리 접종해서 항체를 키우는 백신이 만들어집니다. 인류를 오랫동안 괴롭혀 온 콜레라나 페스트, 천연두나 홍역 같은 전염병들이 획기적으로 줄어듭니다.

사실 곰팡이를 비롯한 미생물은 생명의 비밀을 간직한 '살아 있는 화석'입니다. 미생물이 지구에서 살아온 것은 30억 년이나 됩니다. 인간의 역사를 350만 년이라고 한다면 1000배 이상 오래된 조상님인 셈이에요. 나이만 많은 것이 아닙니다. 숫자나 분포만 놓고 보면 미생물이야말로 지구의 주인입니다. 열대의 원시림에서부터 남극의 얼음 속까지 미생물은 전 지구에 걸쳐 살고 있습니다. 심지어 마그마가 끓어오르는 심해에도 미생물은 존재합니다. 지금 이 순간 책을 읽고 있는 여러분 몸속에도 100조 마리 이상의 미생물이 살고 있습니다.

## 곰팡이는 삶의 인도자

미생물은 수적으로도 인간을 압도합니다. 세계 인구는 고작 60억 명이지만 흙 1그램 속에 사는 미생물 수만 해도 수억에 이릅니다. 무게만 놓고 따지면 지구 전체 생명체의 60퍼센트 이상을 미생물이 차지합니다. 코끼리, 고래, 고릴라 같은 대형 동물은 물론 지구 상에서 가장 번성하고 있는 인간과 개미 같은 곤충의 무게를 모두 합쳐도 균보다 가볍다는 뜻이에요. 과연 지구의 주인은 인간이 맞을까요? 우리 몸의 주인은 정말 우리 자신인 걸까요?

균의 친척뻘인 남조류는 광합성을 한 지구 최초의 생명체입니다. 식물과 동물의 조상뻘이죠. 한마디로 곰팡이를 비롯한 미생물이 없었다면 지구에는 생명도 인류도 없었습니다. 곰팡이는 불필요한 존재가 아니라 생명의 시작인 셈입니다.

누룩곰팡이　　푸른곰팡이　　털곰팡이

학자들은 병원균, 원생생물, 박테리아 같은 미생물이 생물 세계의 기초 구성원일 뿐 아니라 현재 지구에 있는 모든 생물을 형성하는 필수 요소로까지 보고 있습니다. 심지어 모든 생물을 교묘하게 조직화된 미생물의 집합체라는 의견도 있습니다.

또 다른 미생물인 바이러스를 볼까요. 일단 바이러스는 크기가 균보다 작습니다. 인간의 보통 세포가 40인치 텔레비전만 하다면 균은 리모컨 크기쯤, 바이러스는 그 리모컨 버튼 크기쯤 됩니다. 바이러스의 크기는 보통 0.1마이크로미터 정도입니다. 균에 의한 질병은 대부분 백신으로 치료가 가능하지만 바이러스는 너무 작은 데다 세포 속에 숨어 있기 때문에 사실상 치료가 어렵습니다.

숨어서 활동하고 스스로 변종을 만들기에 백신을 만들기 어렵기 때문입니다. 조류 인플루엔자, 신종 플루 같은 새로운 바이러스성 질병 앞에 쩔쩔매는 것도 이런 이유죠. 환절기마다 찾아오는 감기도 백신이 없어요. 치료제가 없다는 뜻입니다. 증세를 완화하는 약이 있을 뿐이에요.

바이러스는 일반적인 균과 많이 다릅니다. 곰팡이와 균은 생명체의 기본인 대사 활동(먹고 배설하는 일)을 하지만 바이러스는 숙주 몸속에서 살 뿐 대사 활동을 하지 않습니다. 곰팡이는 적당한 습기와 알맞은 온도 같은 조건이 충족되면 순식간에 번식합니다. 바이러스는 먹지를 않기 때문에 소화 기관도 생식 기관도 없습니다. 대신 자신을 복제해서 후손을 남기지요.

균은 착합니다. 균의 일종인 곰팡이 가운데 대표 선수인 버섯을 봅시다. 버섯은 맛뿐 아니라 향이 뛰어납니다. 인간에게 아주 유익한 음식이지요. 푸른곰팡이는 다른 균들의 침입으로부터 세포를 지켜 주는 항생제 페니실린의 원료입니다. 이 푸른곰팡이가 치즈에 들어가면 프랑스에서는 로크포르, 이탈리아에서는 고르곤졸라 치즈로 불리는 푸른곰팡이 치즈가 됩니다. 이 치즈가 얼마나 맛있는지 먹어 본 사람은 알 겁니다.

곰팡이와 균은 지구 최초의 생명체이자 최후의 분해자입니다. 토양이나 물속에 있는 유기물을 무기물로 분해시킵니다. 곰팡이가 없다면 동물의 시체나 식물의 잔재들이 그대로 남아 있을 겁니다. 지구는 쓰레기장이 되는 거죠. 물론 곰팡이의 분해력 때문에 녹조 현상이 일어나고 악취가 나기도 합니다.

"흙에서 나와 흙으로 돌아간다"는 말처럼 곰팡이는 생명체를 키우고 다시 순수한 원자 자체로 돌립니다. 원자에서 시작해 생명으로 그리고 생명이 다해 다시 원자로 돌아가는 그 긴 과정을 곰팡이들은 함께 합니다. 어쩌면 곰팡이는 우리의 생과 사를 이끌어 주는 삶의 인도자라고 할 수 있을지도 모르겠습니다.

# 세계에서 가장 맛있는 음식은 곰팡이?

세계 3대 진미가 무엇인지 아시나요? 세계에서 가장 맛있는 음식 세 가지. 다분히 서양 중심이기는 하지만 세계 3대 진미는 캐비어(caviar), 푸아그라(foie gras), 트뤼프(truffe)입니다.

캐비어는 철갑상어 알입니다. 푸아그라는 거위 간 요리입니다. 거위를 과영양 상태로 만들어서 간에 지방이 쌓이게 합니다. 그럼 간이 비정상적으로 커져요. 이걸 구워서 먹거나 빵이나 수프와 함께 먹습니다. 트뤼프는 송로(松露)버섯으로 불리는데 이름처럼 소나무가 아니라 참나무 밑에서 자랍니다.

트뤼프는 땅속 20센티미터에서 자라기 때문에 인공 재배가 어렵습니다. 개나 돼지처럼 후각이 발달한 동물을 이용해서 찾아내야 하기 때문에 고가입니다. 그래서 트뤼프는 '주방의 다이아몬드'라고 불리기도 합니다.

캐비어는 짭조름한 생선젓 같은 맛이 납니다. 푸아그라는 구워 먹으면 맛있지만 그냥 먹으면 소간 요리처럼 느끼합니다. 또 거위를 과영양 상태로 만들려고 주둥이를 강제로 벌려 억지로 사료를 먹이는, 이른바 동물 학대 논쟁을 일으키는 요리입니다. 트뤼프는 어떤 요리에도 잘 어울립니다. 요리를 송두리째 바꿀 만큼 풍미가 좋아요. 파스타나 샐러드 어디에 넣어도 특별한 맛이 납니다.

우리나라에도 3대 진미에 필적할 만한 것이 있을까요? 일부 미식가들은 송이버섯과 숭어알젓을 꼽습니다. 송이버섯은 트뤼프와 달리 향기가 다소 은은하지만 품격에서는 뒤지지 않습니다. 송이버섯을 넣고 피자나 파스타를 만들면 근사합니다.

숭어알젓은 산란기인 5월께 알을 채취해 간장이나 소금에 절인 것입니다. 예전에는 왕에게 진상할 정도로 귀한 음식이었다고 합니다. 요즘은 어렵지 않게 만날 수 있는데요. 짭조름하면서 감칠맛이 납니다. 숭어알젓은 일본에서도 진미로 쳐주는 요리입니다.

트뤼프나 송이버섯만큼 유명하지는 않지만 야생 느타리버섯도 최고의 진미 중 하나로 꼽을 수 있겠습니다. 예전에 강원도 방태산에서 심마니들이 따 준 야생 느타리버섯을 먹은 적이 있습니다. 지금도 기억이 생생할 만큼 향기가 좋았습니다. 최근에 맛본 속리산 능이버섯도 향기가 뒤지지 않습니다. 단순하디 단순한 균들이 만드는 버섯의 향기는 왜 이처럼 사람들의 코와 혀를 자극하는 걸까요? 단순한 멜로디로 심금을 울리는 바흐의 선율처럼 버섯에는 우리 몸속 세포 DNA를 울리는, 말로 표현하기 어려운 깊은 맛이 있습니다.

## 초보가 만들어도 맛있는 버섯 요리

버섯은 요리하는 사람에게 더없이 소중한 친구입니다. 맛도 있지만 요리도 쉽기 때문입니다. 어렵고 힘들다면 언제든 달려오는 친구 같다고나 할까요. 팽이버섯이나 느타리버섯을 라면에 넣어 보세요. 한 번에 업그레이드됩니다. 요리가 너무 쉽다고요? 요리가 쉬운 게 아니라 버섯이 위대한 것이죠.

버섯은 그 자체로도 요리가 됩니다. 마늘을 넣고 볶다가 굴 소스를 부어 쌀국수에 얹어 먹으면 훌륭합니다. 고기도 해물도 필요 없을 정도입니다(물론 있으면 더 좋겠죠).

다시마와 무로 낸 육수에 살짝 소금으로 밑간을 한 뒤 버섯과 배추 등의 야채를 넣어서 끓여 먹으면 버섯 샤부샤부가 됩니다. 건더기는 간장 한술, 식초 한술에 다시마 국물 한술을 넣어서 만든 폰스소스에 찍어 먹으면 됩니다. 심심하면 굴이나 새우 혹은 소고기를 넣어도 됩니다. 남은 국물에는 쌀국수나 우동 면을 넣어 먹으면 아주 맛있습니다. 이때 카레를 살짝 넣어서 끓이면 더 맛납니다.

오븐이 있다면 버섯 야채 구이를 만들어 봅시다.

재료(2인분): 느타리 버섯 한 팩, 가지, 마늘, 호박, 올리브기름.

1. 버섯과 함께 얇게 썬 가지, 마늘, 호박에 올리브기름을 살짝 바릅니다.

2. 예열한 오븐에 180도(전기 오븐 기준)로 20분 정도 구워 주면 됩니다. 예열을 하지 않았다면 30분가량 구워 주면 됩니다.

3. 오븐이 없다면 기름을 두르지 않은 프라이팬에 올려 노릇하게 구워도 맛있습니다.

4. 발사믹 식초에 설탕을 넣어 졸인 발사믹 글레이즈(balsamic graze)와 최고의 궁합입니다. 동양식 소스를 좋아 한다면 고추냉이를 넣은 간장에 찍어 먹어도 괜찮습니다. 버섯 요리는 조금만 노력해도 큰 성과를 얻을 수 있습니다.

버섯 요리를 하다 보면 공부도 이렇게 쉬웠으면 하는 생각이 들 겁니다.

5장
현대, 인류를 지배하는
공장 음식

# 17. 콜라 – 내가 곧 아메리카다

앤디 워홀은 순수 미술의 소재로 코카콜라 병을 택했다.
부자든 가난한 사람이든 누구나 마실 수 있는
코카콜라 병을 예술의 세계로 끌어들여
상업 미술과 순수 미술의 경계선을 허물고 싶었으며,
특정 계층의 사람들뿐만이 아니라 대중에게도
예술의 세계를 열어 보려던 것이다
—아서 단토 『앤디 워홀』 중에서

〈부시맨〉이라는 영화가 있습니다. 예전에 꽤 유명했었는데 그 내용은 다음과 같아요. 어느 날 하늘에서 콜라병이 떨어집니다. 때마침 길을 가던 부시먼이 이 콜라병을 발견해요(부시먼은 아프리카 남부에 사는 부족 이름입니다. '덤불 속에서 사는 사람'이란 뜻이에요). 사실은 하늘 위를 지나던 백인 비행사가 버린 거였지만 순진한 부시먼은 이걸 신의 물건이라고 생각합니다. 영화는 콜라병을 돌려주려고 도시로 가면서 빚어지는 사건들을 재미있게 보여 줍니다.

## 미국의 역사를 닮은 콜라

부시먼의 순수한 마음이 사람들에게 감동을 주었지만, 이 영화가 남아프리카공화국에서 만들어졌다는 점이 지금 생각해도 마음에 걸립니다. 남아프리카공화국은 최근까지 인종 차별 국가였습니다.

1910년 네덜란드 이주민들이 영국으로부터 독립해 남아프리카공화국을

세운 이후 선주민이던 흑인을 차별했습니다. 인구의 다수를 이루는 흑인들은 백인들에 저항했습니다. 1990년 정부가 공식적으로 차별 정책을 철폐할 때까지 무려 300만 명의 흑인들이 살해당했습니다. 인종 차별 정책(아파르트헤이트)을 반대하는 무장 단체인 '민족의 창'을 만든 넬슨 만델라는 1964년 감옥에 끌려가 무려 26년을 복역한 뒤 1990년에 풀려납니다. 〈부시맨〉이 개봉된 1980년은 인종 차별이 한창일 때였어요. 흑인들을 철저하게 탄압한 나라에서 흑인들의 순수함을 말하다니, 마음이 불편했습니다.

여기서는 콜라 이야기를 꺼내고자 〈부시맨〉 이야기를 했어요. 순박한 부시먼들이 신의 물건으로 여긴 콜라병을 만든 회사는 코카콜라였습니다. 세계 최초로 콜라를 만든 회사지요. 콜라는 아프리카의 콜라 열매와 카페인을 섞고 여기에 탄산을 넣어 만든 음료수입니다. 원래는 두통약이나 감기약으로 개발됐다가 나중에 청량음료가 됐다고 합니다. 이 콜라는 나중에 미국 문화의 상징이 됩니다. 오늘날 영국 하면 위스키와 홍차, 프랑스 하면 와인, 이탈리아 하면 파스타, 독일 하면 맥주와 소시지를 떠올리듯이 미국 하면 콜라를 떠올립니다.

유럽의 음식은 각국의 오래된 역사적 경험과 전통에서 나온 것입니다. 음식 안에 각기 다양한 역사와 문화가 녹아 있지요. 이집트에서 시작해 로마를 거쳐 유럽으로 퍼진 맥주, 페르시아에서 시작해 몽고를 거쳐 유럽으로 간 위스키, 이런 식의 이야기가 숨어 있습니다. 우리나라의 김치와 일본의 초밥도 탄탄한 자신들만의 이야기를 갖고 있지요.

그런데 콜라는 출발부터 다릅니다. 지금까지 소개한 음식들이 농부나 어부의 손에서 시작했다면 콜라는 '공장'에서 출발한 '상품'입니다. 미국을 대표하는 음식이 대지나 바다가 아니라 공장에서 나왔다는 점은 주목할 만합니다. 음식이 그 나라의 역사나 문화와 상관없이 공장에서 조합될 수 있다는 것을 보여준 최초의 사례입니다. 현대 음식 문화의 시작이기도 하고요. 현대의 음식에는 영혼이 없습니다. 또한 공장에서 만들어졌기 때문에 영양은 과잉입니다. 향기도 사람을 속일 듯 짙습니다.

콜라는 여러모로 미국을 닮았습니다. 미국은 1776년에 독립한 신생국입니다. 하지만 1991년 옛 소련이 러시아연방으로 해체되면서, 미국은 세계를 지배하는 유일한 강대국으로 남았습니다.

미국 백악관 안보 보좌관을 했던 즈비그뉴 브레진스키는 그의 책 『거대한 체스판』에서 그동안 세계를 지배하던 나라로 로마-중국-몽고-영국 정도를 꼽을 수 있지만 진정한 의미에서 세계를 지배한 것은 지금의 미국밖에 없다고 단언합니다.

그는 제국의 조건으로 네 가지 즉 군사력과 광대한 영토, 경제력, 뛰어난 문화, 사회 지배층의 역동성을 꼽습니다. 로마와 중국은 문화가 뛰어난 제국이었지만 동양과 서양 일부를 지배했습니다. 글자도 없이 군사력만으로 세계를 지배했던 몽고 제국은 진정한 의미의 제국이 아니라고 했습니다. 영국은 세계의 대양을 지배하고 곳곳에 식민지를 건설했지만 유럽을 지배하지는 못했다고 지적합니다. 반면 오늘날 미국은 그야말로 세계 정치와 경제의 중심일 뿐만 아니라 세계 문화를 이끌고 있다고 강조합니다.

'거대한 체스판'이란 유라시아 대륙을 말합니다. 필자는 과거 이 유라시아 대륙을 지배했던 나라가 세계를 지배했다며, 미국은 유라시아 대륙의 주도권을 놓치지 않아야 한다는 결론을 내립니다. 머리말에는 "미래의 세계를 만들어 갈 미국 학생들에게 이 책을 바친다"라고 돼 있습니다. "거인의 어깨에서 세계를 바라보라"는 뉴턴의 말을 인용한 충고도 있습니다.

이 책에서 그는 한반도 등을 포함하는 극동 지역을 '유라시아 대륙에 내린 닻'이라고 표현했습니다. 닻이란 배가 정박하기 위해서 내리는 장치죠. 유라시아 대륙의 주도권을 차지하려면 극동에서 절대 빠져나가서는 안 된다는 비유입니다. 그만큼 전략적으로 중요하다는 것이지요. 문제는 미국이 이 지역에서 일본을 우선한다는 점입니다. 1853년 페리 제독의 일본 개항 이후 계속돼 온 미국의 전략입니다.

그렇다면 200살이 갓 넘은 신생국 미국이 세계 제1의 국가가 된 비결은 뭘까요? 중세사에서 로마와 중국을, 근대 세계사에서 영국과 프랑스를 알아야 한다면 현대사는 미국을 알아야 합니다.

## 미국의 변신

미국이 성장한 것은 남북 전쟁 이후입니다. 인디언을 모두 쫓아내고(사실은 학살하고) 대서양과 태평양을 잇는 광대한 북아메리카의 땅덩어리를 차지한 미국은 이후 엄청난 생산력의 혁명을 이루어 냅니다. 자원이 풍부하고 이민으로 인력이 넘쳐났던 미국의 생산력은 금세 유럽 제1의 국가인 영국을 제칩니다. 태평양으로 중남미로 세력을 넓혀 나가며 '아버지의 나라' 영국이 그랬던 것처럼 식민지를 건설합니다.

미국은 1898년 스페인과 전쟁을 벌여 스페인의 식민지였던 필리핀과 도미니카를 접수합니다. 최초의 정복 전쟁에서 짜릿한 성공을 맛본 미국은 슬슬 영국을 따라 합니다.

공포스러울 정도로 대단한 생산력은 미국을 제국주의로 만듭니다. 이런 미국의 변신은 한반도에도 막대한 영향을 끼칩니다. 식민지 경쟁의 후발 주자였던 미국은 태평양을 건너 일본과 조선에 함대를 파견하고는 통상을 요구합니다. 일본은 페리 제독이 이끄는 흑선 네 척의 대포에 놀라 1854년 개항을 합니다. 우리나라에 와서도 개항을 요구하며 1871년 신미양요를 일으켰다가 물러나죠. 당시 미국은 일본만으로 충분하다고 보고 조선에는 적극적으로 개항을 요구하지 않았습니다. 당시 조선의 어리석은 지배 엘리트층 역시 세계의 흐름은 도외시하고 권력 투쟁을 일삼았지요.

그러는 동안 일본은 메이지 유신을 통해 근대화에 도전합니다. 1876년 자신들을 위협했던 서구 제국주의 국가와 같은 방법으로 우리나라 조정에 개항을 강요합니다. 그들이 미국에 의해 굴욕적으로 개항한 지 20년 만의 일입니다. 결국 우리나라는 일본과 강화도 조약을 체결하지요. 그리고 콜럼버스가 신대륙을 발견한 지 400여 년이 지난 후 우리나라는 끔찍한 식민 시대를 경험하게 됩니다. 그것도 서양인이 아니라 서양인을 흉내 낸 '일본인들'에게 말입니다. 이처럼 역사에는 모든 것이 연관돼 있고 어떤 사건도 사소하지 않습니다.

한때 '해가 지지 않는 나라'로 불리던 영국은 연이은 식민지의 독립과 1·2차 세계 대전으로 휘청거립니다. 프랑스나 이탈리아도 사정은 비슷했습니다. 본토에서 일어난 세계 전쟁으로 초토화됐죠. 유럽에서 세계 전쟁을 피한 곳은 산악 지대의 중립국인 스위스, 좌 - 우 내전으로 정신이 없었던 스페인 정도였습니다.

미국이 급성장한 직접적인 배경은 세계 대전이 유럽에서 벌어졌고 자국의 영토와는 무관했다는 점입니다(태평양 전쟁 때 일본이 침공한 하와이는 미국 본토라고 하기엔 너무 멉니다). 그리고 여기에 더해 미국의 민주주의 전통이 있습니다. 미국은 의회의 창시자 영국의 후예답게 식민지 때부터 의회를 만들고자 노력합니다. 1620년 영국의 청교도들이 메이플라워호를 타고 미국으로 건너올 때부터 이들은 선거를 통해 국회를 만들겠다고 생각했습니다. 독립 이후에도 대통령-국회-법원이 서로 견제하는 삼권 분립을 분명히 했습니다. 또 귀족과 천민의 차별이 없었으며 개인의 사상적인 자유를 인정했습니다. 이는 미국이 18세기 프랑스에서 일어난 계몽주의의 이념을 그대로 실천했기 때문입니다. 끔찍한 구교도의 박해와 왕과 귀족의 수탈을 피해서 목숨을 걸고 건너온 이들이 최첨단의 민주주의를 선택한 것입니다(물론 고대 그리스처럼 미국도 처음에는 백인 여성과 흑인들에게는 참정권을 주지 않았습니다).

이런 점은 1648년 스페인에서 독립해 나라를 세운 네덜란드와 비슷합니다. 네덜란드는 구교도들의 박해를 피해 이주한 신교도들이 만든 자유 국가였습니다. 사상적 자유로 무장한 네덜란드는 신생국이었지만 당시 최강대국인 스페인과 영국을 위협하는 국가로 성장합니다. 네덜란드인들은 세계 최초로 주식회사라는 개념을 도입했습니다. 여러 사람이 공동으로 투자하고 위험 부담을 나누는 방식이에요. 네덜란드는 당시 유럽 선박의 절반 이상을 차지하는 해운 대국이 됩니다.

## 불황과 세계 대전

유럽은 역사적 경험을 통해 민주주의와 인권의 중요성을 깨달았지만 분위기는 점점 나빠지고 있었습니다. 20세기에 접어들면서 유럽의 모든 나라는 제국이 됐고 식민지는 포화 상태였습니다. 그리고 그때까지 인류가 한 번도 경험하지 못한 '불황'(depression)에 직면합니다.

불황이란 물건을 과잉 생산해서 남아도는 상태를 말합니다. 그렇게 되면 물건값이 폭락하고 공장이 문을 닫게 됩니다. 사람들은 소득이 낮아지고 경기가 급속도로 냉각되면서 대량 해직 사태가 일어납니다. 세금이 안 걷혀 국가의 재정이 악화되니 제 역할을 할 수 없습니다. 국가-기업-가계 모두가 경제난으로 신음하는 것입니다. 불황은 한 나라가 아니라 전 세계적으로 오는 것이 특징입니다.

경제 사정이 안 좋아지자 대규모 시위가 벌어지는 등 국민들의 불만이 쌓입니다. 이에 유럽 각국은 다른 유럽 국가와 각을 세웁니다. 외부적 긴장으로 내부 단결을 꾀하려는 겁니다. 왕권이 강화되고 독재자가 집권하고 다른 나라와 전쟁을 일삼습니다. 어떻게든 돌파구를 찾아보려는 것이죠. 17~18세기 아프리카나 아시아에서 벌어지던 유럽 제국 간의 전쟁이 유럽 본토에서 빈발하게 일어나기 시작합니다.

민심이 흉흉해지자 일부 국가에서는 여론을 돌릴 희생양을 찾습니다. 흑인, 유대인이나 집시 같은 소수 민족, 이슬람이나 공산주의자 등이 그 대상이었습니다. 차별은 일상적인 테러로 이어졌고 마침내 독일 나치처럼 유대인을 대량 학살하는 정권이 들어서기까지 합니다. 독일을 비롯한 유럽인들은 선거로 당선된 지도자가 무려 600만 명의 유대인과 100만 명의 집시들을 살해하는 광기를 지켜봐야 했습니다.

신의 이름으로 온갖 불합리한 폭력이 횡행했던 중세보다 심각한 야만이었습니다. 신대륙 선주민에 대한 학살과 착취로 이루어진 유럽의 문명은 그처럼 취약한 것이었습니다. 민주주의를 발명하며 승승장구하던 그들은 위기에 봉착하자 국가를 내세워 인간을 학살합니다. 그나마 유럽인들은 나중에 반성이라도 했지요. 다시는 그런 비극이 재발하지 않도록 여러 나라가 머리를 맞대고 대안을 찾습니다. 나치즘으로 유럽을 전쟁의 소용돌이에 몰아넣었던 독일이 대표적인 예입니다. 그들은 지금도 나치 부역자들을 찾아 철저하게 단죄합니다. 수도 한복판에 홀로코스트 기념 공원을 지어 유대인 희생자들의 넋을 기립니다. 그러나 일본만큼은 예외입니다. 그들은 지금도 자신들의 학살 사실을 부정하며 오히려 희생자를 조롱합니다.

어둠이 있으면 빛도 있는 법입니다. 전쟁이 휩쓸던 유럽이 어둠이었다면 빛은 바로 신대륙 미국이었습니다. 유대인들을 포함해서 많은 유럽 사람들이 미국으로 갑니다. 유대인들은 중세 때부터 금융업에 종사해 왔습니다. 그들의 자금이 미국으로 이동하면서 전 세계 금융의 중심이 런던과 프랑크푸르트에서 뉴욕으로 바뀝니다.

수많은 예술가·과학자들도 미국으로 건너갑니다. 여러분이 잘 아는 알베르트 아인슈타인도 그들 중의 한 사람입니다. 아인슈타인을 비롯해 미국으로 이주한 핵물리학자들은 2차대전 기간 중 핵무기를 개발했습니다(나중에 이들은 그 사실을 깊이 후회합니다). 경제뿐 아니라 예술과 과학·철학 등 사상의 중심지로 '젊은 국가' 미국이 떠오릅니다.

유럽인들이 미국을 선택한 이유는 간단합니다. 전쟁이 없었습니다. 그리고 자기 국민을 학살하지 않았습니다. 열심히 일하면 시민권을 얻을 수 있는 것은 물론 큰 돈을 벌 수 있다고 생각했습니다. 심지어 중국에서도 금광 개발 열풍을 타고 미국 서부로 건너갔습니다. 중국이 유럽과 일본의 침공을 받고 있던 때였습니다. 그렇게 미국으로 간 중국 노동자는 '쿨리'(苦力, 고력)라고 불렸죠. '힘들게 일하는 사람'이란 뜻입니다.

## 위기의 콜라

사람이 모이면 아이디어가 넘치게 됩니다. 세계 곳곳에서 온 이주민들은 그렇게 독특한 문화를 만들어 냅니다. 그중의 대표적인 것이 콜라였습니다. 콜라라는 상품을 만든 미국인들은 엄청난 홍보전을 펼칩니다. 상품에 이야기를 입히지요. 대표적인 것이 핀란드에 살고 있다고 전해지던 산타클로스의 이미지입니다. 코카콜라 사는 세계 최초로 빨간색 복장을 한 산타클로스를 등장시킵니다. 왜 하필 빨간색이냐고요? 바로 코카콜라 로고의 색깔이었으니까요. 소비자의 마음에 제품을 각인시키기 위해서였습니다. 원래 북유럽 사람들은 원색보다 은은한 파스텔 톤을 더 좋아해요. 핀란드 출신의 산타클로스 할아버지가 졸지에 빨간 옷을 입게 된 배경이에요.

브랜드 컨설팅 전문 회사인 인터브랜드는 매년 전 세계 브랜드 가치를 평가합니다. 여기서 코카콜라는 최근 20년 동안 1위를 놓쳐 본 적이 없습니다. 강렬한 로고, 그리고 코카콜라의 상징인 독특한 디자인의 병이 인기의 비결로 꼽힙니다.

저는 여기에 하나를 더 얹고 싶습니다. 바로 미국 문화입니다. 콜라는 청바지와 함께, 젊고 힘 있는 미국을 상징하는 코드가 되었습니다. 여기에는 할리

우드 영화가 큰 역할을 했죠. 미국은 강하고 위대하며 승리한다는 메시지를
줍니다.

　팝아트의 거장 앤디 워홀은 이 코카콜라 병을 화폭에 옮깁니다. 그는 콜라
병뿐 아니라 미국인들이 많이 먹는 닭고기 수프 통조림인 캠벨 깡통이나 심
지어 만화책의 한 장면을 그려 넣기도 했습니다. 이를 통해 그는 "예술이란
있는 그대로를 그리는 게 아니라 있는 그대로를 재창조한다"는 현대 회화의
새로운 기원을 만듭니다.

　이러한 문화적 시도들은 미국 문화에 환상을 심어 줍니다. 아시아와 남미
등의 저개발 국가는 물론 한때 미국을 업신여기던 유럽인들까지 '아메리칸

드림'을 꿈꾸었습니다. 하지만 거대 제국으로 변모한 미국은 자국의 이익을 위해서라면 제3세계 시민들의 목숨은 전혀 고려하지 않는다는 비판을 받게 됩니다. 베트남 전쟁이 그랬고 아프가니스탄·이라크 침공이 그랬습니다. 최근에는 미국이 전 세계를 도청한다는 의혹마저 터져 나와 우리 시대의 빅 브라더(조지 오웰의 소설 『1984』에 나온 인물로 모든 사람을 감시하는 독재자를 뜻합니다)라는 비판을 받습니다.

콜라는 100년이 넘는 오랜 세월 동안 세계인에게 젊음의 상징이었습니다. 그러나 지금은 패스트푸드와 더불어 비만의 원인으로 비판받고 있습니다. 1980년 코카콜라 병을 신의 물건으로 생각했던 영화 속 부시먼들이 지금 다시 콜라병을 보면 어떤 생각을 할지 궁금합니다.

## 학살자의 평범한 얼굴

세계를 전쟁의 소용돌이에 빠뜨린 주인공 아돌프 히틀러는 어떤 사람일까요? 그는 1차 세계 대전 패배로 무력감에 빠진 독일 사회를 선동해 1933년 선거로 집권합니다. 간혹 히틀러가 쿠데타로 집권한 독재자라고 생각하는데 그렇지 않아요. 선거를 통해 합법적으로 정권을 잡습니다. 독일 게르만족의 위대함을 주창하며 히틀러는 차근차근 전쟁을 준비합니다. 그러다 결국 전쟁을 일으키고 유대인을 학살하지요. 음악과 철학 등에서 놀랄 만한 업적을 보여줬던 게르만 민족(독일)은 왜 이런 히틀러의 광기에 복종했던 것일까요?

1942년 나치의 정보기관인 국가안전국에는 유럽에 흩어진 유대인을 식별하고 소집해 학살하는 부서를 만듭니다. 책임자는 아돌프 아이히만이었습니다. 그는 사실상 유대인 대량 학살을 주도한 사람입니다. 전쟁에서 독일이 패하자 미군에 체포된 그는 포로수용소를 탈출했다가 15년 만인 1960년 남미 아르헨티나에서 체포돼 이스라엘로 압송됩니다. 유대인 학살의 주범이 재판을 받는다는 사실이 알려지자 미국의 철학자 한

나 아렌트는 특파원 자격으로 예루살렘에 가서 재판을 참관합니다. 유대인이었던 그녀는 미국 외교관의 도움으로 독일의 강제 수용소에서 탈출해 미국에 건너온 구사일생의 경험이 있었습니다.

아렌트가 재판을 지켜보면서 놀란 점은 아이히만의 평범함이었습니다. 아이히만은 결코 악마의 얼굴이 아니었습니다. 성실하기까지 한 그저 평범한 이웃 아저씨의 모습이었던 것입니다. 그런 사람이 600만 명이나 되는 유대인 학살을 진두지휘했다니 아렌트는 놀랄 수밖에 없었습니다.

아이히만은 재판에서 자신을 적극적으로 변호합니다. 유대인 학살 부서에서 일했지만 이는 국가 권력의 명령에 의한 것이었으며, 자신이 그 역할을 거부하고 저항했어도 다른 누군가에 의해 같은 일이 행해졌을 거라며 무죄를 주장하지요. 누가 했어도 할 수밖에 없는 일이었다는 얘기예요. 하지만 그의 변론은 받아들여지지 않습니다. 결국 사형 선고를 받고 교수형에 처해집니다.

아렌트는 아이히만의 치명적 결점은 생각하지 않는 것, 주체적으로 판단하지 않는 것, 그리고 소신 있게 말하지 않는 것이라고 말합니다. 자기가 하는 일이 무엇인지 판단하지 않고 그저 시키는 대로 일을 했던 것, 그것이 바로 죄라는 겁니다. 어쩌면 이것은 아이히만 개인이 아닌, 권위에 복종하는 인간의 나약한 심성 탓일지도 모릅니다.

사회 심리학자인 스탠리 밀그램 예일대 교수는 이성적인 사람도 도덕률을 무시하고 명령에 따라 얼마든지 잔혹 행위를 저지를 수 있다고 보고, 심리학 역사상 가장 기괴한 실험을 했습니다.

1961년 그는 학습에 관한 실험을 한다며 수백 명의 지원자를 모았습니다. 피실험자들은 전기 충격 기계에 사람을 앉히고 15볼트에서 450볼트까지의 전기 충격을 가하라는 명령을 내립니다. 450볼트면 그 자리에서 죽을 수 있는 전압입니다. 물론 전기 충격 기계는 가짜였고요. 기계에 앉은 사람은 고용된 배우로서 가짜로 비명을 질러 댔습니다. 물론 피실험자들은 그 사실을 모르고 있었습니다. 즉, 진짜 고문을 자행한다고 생각했다는 것이지요.

충격적인 사실은 실험 대상자의 65퍼센트가 명령에 복종했다는 것입니다. 그들은 치명적인 상해를 입힐 정도의 전기 충격을 주라는 명령에 복종했습니다. 나머지 35퍼센트만 거부했습니다. 이 실험은 '악은 평범하다'는 사실을 보여 줍니다. 아이히만처럼 아무 생각 없이 살면 누구나 악마가 될 수 있다는 것입니다.

인간이 악마가 되지 않으려면, 양심을 지키려면 어떻게 해야 할까요? 용기와 비판적인 사고가 필요합니다. 이것들은 저절로 주어지는 것이 아니라 많은 노력과 판단을 통해 얻어집니다. 함께 노력하는 것도 필요합니다. 스스로 극복할 자신이 없다면 옆 사람과 함께 단결해 싸워야 합니다. 우리가 지금 누리는 자유와 정의는 바로 이런 용기와 연대로 이루어 낸 것입니다.

## 좋은 음료수 똑똑하게 고르기

카페인 음료가 인기입니다. 이유는 피로를 덜어 준다는 거예요. 밤늦게까지 일할 때나 공부할 때 좋다고 합니다. 그런데 문제는 자주 마시면 효과가 없다는 겁니다. 의사들은 카페인 음료가 건강에 좋지 않다고 경고합니다. 피곤할 땐 그냥 자는 편이 낫다고 말합니다. 카페인 때문에 위 등 내장 기관의 기능이 떨어진다는 것입니다. 세상에 완벽한 자양 강장제가 어디 있습니까? 피로와 배고픔을 못 느끼도록 자신을 속이지 말고 잘 자고 잘 먹고 적당히 일하라는 얘기입니다.

카페인 음료뿐만 아닙니다. 이온음료, 탄산음료 등 다양한 음료수들이 가까운 곳에서 우리의 손길을 기다리고 있습니다. 그중 몸에 좋은 음료수를 고르자는 게 제 이야기입니다. 세상에 그런 게 어디 있느냐고 생각하는 사람도 있을 겁니다.

이렇게 생각해 봅시다. 우리 몸 세포 하나하나는 전해질에 따라서 반응해요. 몸에 흡수된 영양 성분이 이온화되면서 이 이온들의 전기적 반응으로 몸이 움직이는 것이죠. 우리 세포들은 이런 반응으로 연결돼 있습니다.

아마 생명이 생긴 수십억 년 전부터 세포들은 그렇게 반응해 왔을 겁니다. 그런데 갑자기 알코올이나 니코틴 같은 자극이 들어왔다고 생각해 볼까요. 110볼트에 맞춰진 가전제품에 220볼트의 전기가 흐른다고 생각해 보세요. 어떨까요? 일단 뇌와 근육은 그 자극에 맞추기 위해 분주해지겠죠? 그렇게 하루를 보내고 나면 이후는 어떨까요? 쉬지 못한 내부 혈관과 장기들이 극도의 피로감을 호소할 겁니다. 밤을 새우고 시험공부를 하면 다음날 맥을 못 추는 것과 비슷합니다. 술이나 담배도 마찬가지입니다. 마약은 말할 것도 없겠죠?

물론 음료수는 술, 담배와 다릅니다. 하지만 성분을 살펴보면 결코 유익한 물질로 만들어진 음식은 아니라는 걸 알 수 있을 거예요. 대표적인 탄산음료인 콜라와 사이다에는 많은 설탕과 감미료가 들어갑니다. 무설탕 음료라고 하는 것들도 성분표를 보면 설탕보다 값싼 옥수수를 이용해 단맛을 낸 액상과당이 들어 있습니다. 액상과당은 오히려 설탕보다 더 몸에 안 좋다는 연구 결과도 있어요.

'좋은 음료수'를 고르려면 이런 인공적인 맛 대신 천연의 맛을 즐길 줄 알아야 합니다. 우리의 혀는 자극을 좋아하는 것 같지만 실제로는 담백한 맛을 선호합니다. 한번 담백한 것을 먹기 시작하면 오히려 자극적인 맛을 피하게 돼요. 앞서 언급했던 식초 음료가 효과가 좋습니다. 저도 식초 탄 물을 한 잔 마시고는 낙지를 먹고 벌떡 일어났다는 소처럼 기운을 차린 적이 있었습니다.

자연 탄산수도 권하고 싶네요. 자연 탄산수는 인공 탄산수와 달리 뒷맛이 깨끗하고 건강에도 좋습니다. 요즘 커피 대신 자연 탄산수를 찾는 분들이 많습니다. 오미자 진액이나 매실액 등을 타서 마시면 영양 면에서도 손색이 없습니다. 단 인공적으로 감미되지 않은 것을 사야 합니다.

스포츠 음료는 원래 신장병 환자들에게 전해질을 공급하기 위해 만들어졌습니다. 땀흘린 뒤에는 제법 역할을 하지요. 다만 맛과 색을 내려고 설탕과 색소 등을 많이 넣기 때문에 성분표를 잘 봐야 합니다. 또 스포츠 음료는 다른 음료보다 칼로리가 높다는 단점이 있습니다.

# 18. 피자와 햄버거–탱자가 된 귤

옛날에 나는 금이나 꿈에 대하여 명상했다

아주 단단하거나 투명한 무엇들에 대하여

그러나 나는 이제 물렁물렁한 것들에 대하여도 명상하련다

—장정일의 시 「햄버거에 대한 명상」 중에서

미국을 '인종의 용광로'라고 부릅니다. 여러 민족이 섞이면서 독특한 문화들이 생겼기 때문입니다. 음식도 예외는 아닙니다. 미국을 대표하는 음료가 콜라라면 음식은 햄버거와 피자입니다.

콜라 열매 역시 미국의 것이 아니듯 햄버거와 피자 역시 원래부터 미국의

음식은 아니었습니다. 유럽에서 건너왔지요. 그런데 어떻게 미국을 대표하는 음식이 됐을까요? 그 과정은 앞서 말씀드린 콜라와 비슷한데요, 바로 엄청난 마케팅 덕분이라고 할 수 있습니다. 사람들이 홍차의 원산지가 중국이 아니라 영국이라고 착각하는 것과 비슷합니다. 널리 알려진 홍차 브랜드 '립톤'은 1850년에 존 립톤이 만든 영국의 홍차 회사 이름입니다.

## 햄버거의 역사

햄버거의 기원에 대해서는 여러 가지 설이 있습니다만, 독일 함부르크에서 왔다는 것이 정설입니다. 다진 고기를 구워서 빵에 끼워 먹는 독일식 요리가 미국에서 퍼져 나갔다는 것이죠. 다진 고기의 유래를 두고는 옛날 몽고 병사가 먹던 말고기 육포가 원조라는 이야기가 있는데요. 말고기 육포는 생고기라서 이 말이 꼭 맞지는 않는 것 같습니다.

다진 고기는 중국의 난젠완쯔, 우리나라의 떡갈비, 이탈리아의 미트볼처럼 전 세계에서 찾아볼 수 있는 요리 방식이에요. 소시지의 나라 독일에서 다진 고기를 이용했을 가능성은 충분합니다.

햄버거가 미국에 급속도로 퍼진 계기는 1904년 세인트루이스 엑스포라고 전해집니다. 엑스포에는 세계 각국은 물론 미국 내에서도 관람객이 구름처럼 몰려들었습니다. 이때 등장한 기발한 음식이 바로 햄버거였습니다. 여기저기 돌아다니면서 간편하게 먹을 수 있도록 아이디어를 낸 것이지요(차갑게 먹는 홍차인 아이스티, 밀가루로 만든 바삭한 콘에 올려서 먹는 아이스크림 등도 이 엑스포에서 처음 선보였다고 합니다. 필요는 발명의 어머니가 맞나 봅니다). 물론 독일 이민자들은 엑스포와 상관없이 이미 햄버거를 먹고 있었다는 주장도 있습니다.

햄버거는 샌드위치처럼 간단하게 먹을 수 있으면서도 고기로 만든 두툼한 패티가 있어서 식사로서도 손색이 없었습니다. 초기에는 식빵이던 것이 나중에는 볼륨감을 살린 '번스'라는 두툼한 빵으로 바뀌면서 지금의 모양이 나오게 되지요. 1955년 맥도날드라는 햄버거 회사가 설립되면서 햄버거는 미국을 대표하는 음식이 됩니다.

우리나라에는 1988년 처음 맥도날드 매장이 생겼습니다. 그때 빅맥 세트가 5000원에 가까운 가격이었으니 무척 비쌌죠. 당시 버스 요금이 140원, 시집한 권이 2500원 하던 시절이었습니다. 지금 가격으로 치면 2만 원 정도 하는 셈이에요. 친구들과 함께 시내에서 빅맥을 먹고 종로서적(지금은 문을 닫았어요)에서 음반이나 책을 사던 시절이 생각납니다. 그때는 참 맛있게 먹었는데 지금은 구태여 찾지 않는 음식이 되었네요.

음식도 다 때가 있는 법입니다. 요즘에는 갈아 만든 패티를 쓰는 햄버거 대신 덩어리 고기와 갓 구워 내놓는 빵을 먹는 필라델피아식 햄버거를 선호합니다. 혹시 스테이크를 먹을 일이 있다면 여러분도 시도해 보세요. 치아바타처럼 좀 질기면서 담백한 빵과 함께 씨앗이 그대로 있는 겨자를 넣고 먹어 보세요. 양파도 있으면 좋고요. 일반 햄버거에 견줘 식감이 훨씬 좋습니다.

사실 햄버거 패티는 그냥 먹으면 별맛이 없어요. 소스, 야채와 어우러져야 맛이 나요. 반면 우리나라 떡갈비는 그냥 뜯어먹어도 맛이 있습니다. 어떤 고기를 어떻게 양념했느냐의 차이라는 생각이 듭니다.

햄버거가 광범위하게 퍼질 수 있던 것은 공장식 집단 사육 때문입니다. 항생제와 성장 촉진제를 쓰고 공장식 도축을 하면서 고기 가격이 떨어진 것이죠. 등심과 안심 등 비싼 고기는 높은 가격으로 팔고 남은 부산물을 갈아서 패티를 만들어서 그랬던 건 아닐까 하는 생각도 해 봅니다.

빵 역시 산업 혁명 이후에는 공장 빵이 주류를 이루었습니다. 프랑스를 상

징하는 바게트 역시 공장 빵입니다. 공장 빵과 집 빵의 차이는 부드러움입니다. 집에서 빵을 구우면 딱딱해요. 그래도 오래 씹으면 고소하고 오히려 부드러운 공장 빵보다 맛있습니다.

부드러운 공장 빵에 길들여지면 집 빵 먹기가 어렵죠. 한번은 조카들에게 집에서 빵을 구워 줬다가 "돌덩이 같다"라는 썰렁한 반응을 들었던 적도 있습니다. 도대체 공장 빵은 왜 그렇게 부드러운 걸까요? 비결은 각종 유화제 같은 화학 첨가제입니다. 공장식 집단 사육으로 얻은 고기와 화학 성분으로 만든 부드러운 빵, 햄버거는 음식이 산업과 만났을 때 어떻게 변화되는지를 보여 주는 대표적인 음식입니다.

## 피자의 원조는?

다음으로 살펴볼 음식은 피자입니다. 피자의 기원은 분명히 이탈리아(나폴리)입니다. 가난한 남부 이탈리아 사람들이 남미에서 건너온 토마토를 조려 밀가루 반죽에 치즈와 함께 올려 구워 먹은 것에서 유래했다고 합니다. 독특한 맛으로 이탈리아 사람들의 사랑을 받았죠. 나폴리에서는 화산석을 이용한 오븐 피자를 만들어 '피자=나폴리'라는 공식을 만들었습니다. '마산=아귀찜', '천안=순댓국', '평양=냉면' 하는 것처럼 말입니다.

가난한 자들의 음식이었던 피자는 밀가루 반죽 위에 올리는 토핑이 고급화되면서 급속도로 퍼집니다. 나폴리의 유명한 피자점 주인이 붉은색 토마토소스, 녹색 바질, 흰색 모차렐라 치즈로 이탈리아 국기를 상징하는 마르게리타 피자를 만들면서 피자는 이탈리아를 대표하는 음식이 됩니다. '마르게리타'(Margherita)는 당시 나폴리를 방문했던 이탈리아 왕비의 이름이었습니다.

피자는 이탈리아에서 시작됐지만 그 이름을 전 세계에 알린 건 미국입니다. 이탈리아는 지역 차이가 심한 나라입니다. 프랑스, 독일과 국경을 맞댄 북부는 공업이 발달하면서 잘사는 도시가 많지만 남부는 농업이나 어업 등의 1차 산업에 종사하는 곳으로 가난한 지역입니다. 미국으로 이민 간 사람들은 대개 남부 출신이었습니다. 그들은 미국에서 큰 기술이나 자본이 필요없는 육체노동을 했고 그중 하나가 요리였습니다. 피자와 파스타를 많이 만들었죠. 1905년 시카고에서 최초의 피자집이 문을 연 이후 미국 곳곳에 피자집이 문을 엽니다.

미국의 피자는 이탈리아 본토 피자와 달라집니다. 독일인들이 즐긴 햄버거와 달리 공장 햄버거가 점점 뚱뚱해지는 것과 마찬가지로, 미국 피자도 점점 두꺼워지고 커집니다. 피자에 올리는 토핑도 화려해집니다.

이탈리아 농무부는 나폴리 피자를 보호하기 위해 피자의 규격을 정합니다. 두께가 0.3센티미터 이하여야 해요. 지금 우리가 먹는 두툼한 피자는 미국식에 가까운 것이죠. 대서양을 건넌 피자는 왜 그렇게 두꺼워졌을까요?

한 끼 식사로 충분하도록 양을 늘리다 보니 그렇게 된 게 아닐까 생각하니다. 당시 미국은 지금의 우리나라처럼 치열한 경쟁 사회였을 것입니다. 이민자들은 한 푼이라도 더 벌어서 넓은 집에 살면서 아이들을 잘 키우고 싶었겠죠. 그러려면 당연히 맞벌이를 해야 하고. 식사는 대충대충 배고픔만 누그러뜨릴 정도면 되는 겁니다. 그럴려면 칼로리가 높아야 했죠. 이탈리아 피자의 얇은 도우로는 이런 기대를 채우기가 어려웠지요. 바쁜 맞벌이 부부들을 잡으려면 무조건 크고 두툼하고 그리고 싸게 만들어야 했습니다.

## 과잉의 위험성

"무조건 많게, 무조건 싸게." 이것은 지금도 미국 음식의 공식입니다. 제가 미국에 처음 갔을 때 놀란 것은 피자와 콜라의 크기였습니다. 미국에서 파는 콜라의 양은 거의 1리터에 가깝습니다. 피자는 반지름이 20센티미터 이상이었고요. '역시 미국은 뭐든지 거대해'라는 감탄이 나왔죠. 하지만 곧 이런 '과잉'이 의심스러웠습니다. 지나친 과잉의 결과는 무엇일까? 알아채기까지는 오랜 시간이 걸리지 않았습니다. 미국에는 눈에 띄게 비만 증세인 사람들이 많았거든요.

이제는 많은 사람들이 패스트푸드의 위험성을 알고 있습니다. 2004년 미국의 다큐멘터리 감독 모건 스펄록은 햄버거가 인간에 어떤 영향을 끼치는지를 실험하기 위해 자기 몸을 이용합니다. 한 달 동안 매끼 햄버거를 먹어요. 사흘이 지나자 토하기 시작해요. 1주일 만에 5킬로그램이 증가합니다. 한 달이 지나자 11킬로그램의 체중이 증가하고 간이 일부 손상됐다는 의사의 진단을 받았습니다. 이 과정에서 영화는 극도의 무기력증에 빠지는 감독의 모습을 보여 줍니다. 영화 제목은 〈슈퍼사이즈 미〉입니다. 우리말로 번역하면 '날뚱보로 만들어 봐'쯤이 되겠네요.

내가 부러우면
이것 좀
먹어 보세용 !

 

우리나라도 미국과 비슷한 현상이 일어나고 있습니다. 햄버거, 치킨, 라면에 포위된 우리의 일상. 그나마 김밥이 건강식인 게 현실입니다. 세계 모든 곳에서 공통적으로 일어나고 있는 일입니다. 세계 최장수 지역으로 꼽혀온 일본 오키나와에도 햄버거와 피자를 판매하는 패스트 푸드 체인이 들어온 이후 평균 수명이 일본 본토보다 떨어졌다는 뉴스도 있습니다.

집에서 손수 만들어 먹는 어머니표 밥상, 저에겐 나이가 들면서 가장 소중하고 그리운 것 가운데 하나입니다. 공부를 핑계로, 또는 바쁘다고 식사 거르지 말고 잘 챙겨 먹어야 해요.

# 콜라를 닮은 옷, 청바지

청바지는 1873년 독일인 출신 미국 이민자인 리바이 스트라우스가 만들었습니다. 천막 천을 사용해 광부들에게 적합한 질기고 튼튼한 옷을 공급하려는 목적으로 고안했지요. 오죽하면 말 두 마리가 청바지를 잡아당기는 그림을 상표에 썼을까요.

'광부용 작업복'이었던 청바지는 80년 후 젊음을 상징하는 옷이 됩니다. 바느질 대신 구리 리벳으로 주머니를 박아 넣은 작업복은 어떻게 해서 패션 아이콘이 된 걸까요? 비결은 콜라와 마찬가지로 미국의 영화와 광고 산업 때문이었습니다. 청바지 모델로 유명한 사람 중 으뜸은 단연 영화 〈이유 없는 반항〉의 주인공 제임스 딘이었습니다. 흰 반소매 셔츠에 청바지를 입고 나온 그는 일약 세계적인 청춘스타가 됐습니다. 고독하고 반항적인 눈빛으로 당대의 젊은이들을 사로잡았죠. 그러나 불운의 자동차 사고로 요절하고 맙니다. 그의 죽음은 영화와 현실의 경계를 없애 버렸고 세계의 젊은이들에게 강렬한 인상을 남겼습니다. 그리고 그가 즐겨 입었던 청바지는 젊음과 반항의 상징이 되지요.

청바지 소비를 더욱 부채질한 것은 미국의 담배 브랜드 '말보로'였습니다. 청바지를 입고 말보로를 피우는 카우보이의 모습에 많은 사람들이 깊은 인상을 받습니다. 젊고 잘생긴 카우보이 모델은 세계인에게 미국의 서부 개척 시대에 대한 환상을 심어 주었습니다. 이런 환상은 존 웨인의 서부 영화와 함께 광범위하게 퍼졌습니다.

청바지는 노동자는 물론이고 폭주족, 아이비리그 대학생, 팝 스타 할 것 없이 모두가 즐겨 입는 패션 아이템이 되었습니다. 마침내 미국 대통령마저도 주말에 청바지를 입는 모습이 연출됐습니다. 청춘의 음악인 록이 세계에 퍼지면서, 반항의 상징인 록커들은 청바지를 입고 무대에서 괴성을 지르며 기타를 부수었습니다. 젊은이들은 이런 퍼포먼스에 열광했고 청바지의 인기는 하늘을 찌르게 됩니다. 1972년 미국의 시사 잡지인 〈라이프〉는 "세계는 이제 블루진 국가"라고 말할 정도였습니다.

청바지는 당시 '자유세계'와 대립하던 소련, 동유럽 나라들에 문화적으로 핵무기만큼 강력한 영향을 끼쳤습니다. 청바지는 자유의 상징이었습니다. 동유럽에서는 청바지를 밀수해서 입기 시작했고 소련은 청바지를 입은 사람을 처벌하는 '청바지 범죄법'을 만들어야 했지요. 1986년 프랑스의 철학자이자 한때 쿠바의 혁명가 체 게바라의 동지였던 레지스 드브레는 "록음악, 패스트푸드, 블루진은 소련의 붉은군대보다 더 큰 힘이 있다"라고도 말했습니다. 청바지와 콜라는 이처럼 우리 시대 유일한 제국인 미국의 힘을 상징합니다.

## 도우 없이 피자 만들기

피자는 맛있습니다. 도대체 이 맛이 어디서 오는 걸까 생각해 보니 아무래도 치즈 탓인 것 같습니다. 치즈는 우유 단백질이 응고되면서 만들어집니다. 시간이 지날수록 맛있어진다는 점이 매력이지요.

피자에 들어가는 파르메산 치즈는 딱딱한 경성 치즈입니다. 고린내 같은 쿰쿰한 맛이 특징입니다. 토핑에 올라가는 모차렐라 치즈는 물렁물렁한 연성 치즈입니다. 신선하고 쫀득한 맛이 일품이죠. 음양의 조화처럼 서로 다른 치즈의 맛이 어우러져 독특한 맛을 내는 겁니다.

위에는 쫀득하고 신선한 치즈가 아래는 묵은 된장처럼 구수한 치즈가 피자 한 판을 만드는 것이죠. 따라서 피자는 곰팡이와 함께 독특한 향기가 나는 고르곤졸라나 에멘털 같은 치즈를 갈아 넣어도 맛있습니다.

피자를 이루는 또 하나의 요소는 도우입니다. 도우는 따로 팔지 않기에 집에서 손수 만들어야 하는데 이게 쉽지가 않습니다. 난이나 토르티야를 만들어 보신 분이라면 잘 아실 거예요. 그래서 여기서는 도우 없이 만들어 보겠습니다.

재료(2인분): 호박 1개 (또는 가지 1개), 파르메산 치즈, 토마토 소스.

야채는 자체에 수분이 있기 때문에 오븐이나 팬에 그냥 얹어도 잘 타지 않습니다. 여기서는 호박을 쓰겠습니다.

1. 동그랗게 썬 후 약간의 기름을 두르고 프라이팬에 얹어 약불에 굽습니다.

2. 노릇노릇 익었다고 생각하면 치즈를 얹습니다. 토마토소스를 넣어도 좋지만 안 넣어도 맛있습니다. 토마토소스는 짜기 때문에 티스푼으로 조금만 떠서 발라 주는 것이 요령입니다. 느타리버섯이나 표고버섯, 양송이버섯도 이런 식으로 구워 먹으면 맛있습니다.

3. 치즈를 올렸다면 프라이팬에 뚜껑을 덮어야 합니다. 그래야 치즈가 녹아요. 냄비가 있는 프라이팬이라면 상관없지만 없다면 크기가 얼추 맞는 냄비 뚜껑을 이용해도 좋습니다. 전자레인지에 돌리면 더 간단하지요.

4. 집에 오븐이 있다면 편한데요. 프라이팬에 야채를 잘 구운 뒤 치즈를 올리고 오븐에 190도(전기 오븐 기준)로 10여 분간 돌려 줍니다. 이미 구웠기 때문에 예열을 하지 않아도 잘 익습니다. 치즈가 잘 안 익는다 싶으면 마지막에 전자레인지에 1분가량 돌려 주면 노릇하게 구워집니다.

크래커 위에 토핑을 올려서 구워 먹어도 됩니다. 이 밖에 감자채나 사과채에다가 피자를 만들어 먹어도 맛있습니다. 피자 위에 아몬드나 잣을 넣으면 굳이 토마토소스를 넣지 않아도 고소한 맛으로 먹을 수 있습니다.

# 19. 전투 식량 - 우리는 지금 전쟁 중이다

"지피지기(知彼知己)면 백전불태(百戰不殆)라"

—『손자병법』 중에서

20세기는 전쟁의 시대였습니다. 인류 역사에 전쟁은 끊임없이 있었지만 20세기의 전쟁은 이전과 달랐습니다. 전·후방이 따로 없는 전면전이었습니다. 군인은 물론 엄청나게 많은 민간인들이 희생되었고요. 살상 무기의 수준도 차원이 달랐습니다. 1차 세계 대전 전후로 비행기가 만들어졌습니다. 적국 국민들을 공포와 분열로 몰아넣고자 후방을 무차별 폭격했습니다.

## 전쟁과 음식

후방에는 군인보다 민간인이 많죠. 그래서 수많은 희생자가 나왔습니다. 적군과 아군을 가리지 않고 대량으로 사람을 죽이는 생화학 무기도 만들어졌습니다. 2차 세계 대전에서는 로켓이 만들어졌습니다. 독일군은 영국 본토로 로켓을 쏘아 댔습니다. 그리고 인류 역사상 최악의 무기, 핵폭탄도 만들어집니다. 1945년 일본 본토에 두 발의 핵폭탄이 떨어졌습니다. 전쟁과 상관없는 사람들 수십만 명이 죽었지요. 한반도와 만주에서 학살을 일삼던 일본이 자기들이야말로 희생자라고 강변하는 근거이기도 하지만, 정말 끔찍한 일이었습니다. 20세기 전쟁은 누구나 죽을 수 있다는 공포감을 심어 주었습니다.

첨단 무기가 발달할수록 전쟁은 빨리 끝나는 것이 아니라 오히려 길어집니다. 핵무기나 생화학 무기는 그 잔혹한 파괴력 때문에 쓸 수가 없습니다. 상대방도 핵무기와 생화학 무기를 가지고 있다면 내가 쓰는 순간 상대도 쓰게 될 거고 결국 인류는 멸망하게 됩니다.

게다가 게릴라 전술이 등장하면서 전쟁은 역설적으로 길어집니다. 세계 최강의 미군이 베트남에서 진 것도, 미군만큼 세다는 소련군이 아프가니스탄에서 패한 것도 게릴라전 때문입니다. 지형을 이용해 숨어서 싸우는 저항 세력을 없애는 건 쉽지 않은 일입니다. 그래서 미국은 무인 전투기를 열심히 개발하는지도 모르겠습니다. 자국군의 손실은 최소화하면서 적군을 늘 감시할 수 있기 때문이겠죠.

전쟁이 길어지면서 가장 어려운 것은 보급입니다. 특히 무기보다 식량의 보급이 필수적입니다. 보급을 잘해서 세계를 제패했던 사람이 있었으니 바로 나폴레옹입니다. 1789년 프랑스 혁명으로 왕정이 무너지자 혼란기를 틈타 1804년 나폴레옹은 황제로 등극합니다. 백성들이 목숨을 걸고 왕정을 무너뜨리는 혁명을 했지만 그 열매를 머리 좋은 군인이 가져간 것이죠.

포병 장교 출신이었던 나폴레옹(1769~1821)은 신출귀몰한 작전을 펼쳐 상대방의 혼을 쏙 빼놓는 전술을 쓰는 것으로 유명했습니다. 그는 황제가 되자마자 전쟁과 관련된 과학 기술 아이디어를 모집합니다. 핵심은 음식을 안전하게 보급할 방법이었습니다.

이때 통조림의 아버지격이랄 수 있는 병조림이 1810년에 등장합니다. 유리

병에 야채를 넣고 촛농으로 밀봉해서 장기 보존시키는 방식이었습니다. 파스퇴르가 균의 세계를 증명하고 멸균하는 방법을 발견한 것이 1857년이었으니까, 당시 이런 식으로 부패를 막은 것은 대단한 발명이었습니다. 나폴레옹은 거액의 상금을 발명가에 내립니다. 나폴레옹은 병조림을 바탕으로 부대의 진군 속도를 높이지요. 보급이 원활해졌기에 군대의 이동이 빨라졌습니다. 그러나 병조림을 이용해 질풍처럼 이동하며 승승장구하던 나폴레옹도 러시아에 패합니다. 러시아의 추위를 견디지 못한 것이죠. 프랑스의 숙적인 영국은 프랑스의 병조림을 보고 병보다 안전한 보관 수단을 고민합니다. 그러다 양철로 만든, 지금과 비슷한 모양의 통조림을 만들게 되지요.

하지만 통조림이 있다고 보급이 완성되는 것은 아닙니다. 통조림이 보편화되던 2차 세계 대전에서 나치 독일은 서유럽을 거의 다 집어삼키고 이어서 1942년 불가침 조약을 맺은 소련을 침공합니다. 그런데 스탈린그라드에서 소련군의 저항에 부딪혀 전투가 소강 상태에 빠집니다. 겨울이 닥쳐오면서 한파와 식량 부족으로 독일군은 금세 곤경에 빠졌고 결국 22개 사단 병력이 소련군의 공격을 받고 괴멸합니다. 독일군은 이 전투의 패배를 계기로 유럽 전선에서 큰 어려움을 겪고 결국 패망합니다.

두 독재자 나폴레옹과 히틀러는 같은 지역의 국가인 러시아와 소련에 각각 패망해 유배를 떠나거나 자살했습니다. 훌륭한 보관법이 있다고 해도 혹한과 눈보라를 뚫고 식량을 공급하기란 쉽지 않은 겁니다.

## 전투 식량의 발달

고대부터 전쟁의 핵심은 군수(軍需)였습니다. 군수에는 무기, 옷, 말 등 여러 가지가 있지만 역시 가장 중요한 것은 식량이었습니다. 잘 먹어야 잘 싸우는 것이죠. 이 사실을 옛날 사람들도 잘 알고 있었습니다. 전문가들은 전투 식량의 원조로 깨를 꼽습니다. 깨는 장기간 보관이 가능한 데다가 기름이 많아 열량이 높았습니다. 그래서 고대 페르시아군은 전쟁에 나갈 때 깨를 싸서 갔다고 합니다. 바이킹의 전투 식량인 대구포는 바이킹을 아메리카 신대륙을 최초로 발견한 유럽인으로 만들었습니다. 중세 포르투갈인들도 이 대구포를 뜯으며 인도양 해로를 세계 최초로 개척했습니다.

세계 전쟁사에서 가장 유명한 전투 식량은 몽고인들의 말고기 육포입니다. 그들은 말 안장 밑에 말고기 육포를 넣어 놓고 이걸 뜯어먹으면서 달렸다고 합니다. 이동 속도를 올리려고 달리면서 식사를 해결한 겁니다. 그리고 말 안장에 고기를 넣어두면 체중 때문에 고기가 더 부드러워진다고 합니다.

식사를 위해 따로 주둔할 필요가 없었던 몽고군은 2~3배 빠른 속도로 이동할 수 있다고 해요. 3일 거리에 있던 침략군이 하루 만에 쳐들어온다면 수

비하는 입장에서 얼마나 당황스러울까요? 중국의 손무가 쓴 병법서 『손자병법』에 '풍림화산'(風林火山)이란 말이 있습니다. 이동은 질풍처럼 빠르게, 매복은 나무처럼 고요하게, 싸움은 불처럼 뜨겁게, 수비는 산처럼 진중하게란 뜻입니다. 몽고군의 속도는 결국 중국뿐 아니라 유럽까지 제패하는 동력이 됩니다.

몽고가 유럽에서 물러간 후에도 음식은 남습니다. 유럽인들이 즐기는 타타르 스테이크는 말고기 육회를 유럽식 식초와 겨자에 비벼서 먹는 겁니다. 이 타타르 스테이크가 햄버거의 원조라는 이야기도 있습니다만 햄버거는 고기를 익혀 먹는다는 점에서 차이가 있습니다.

감자도 전투 식량으로 쓰였습니다. 워낙 저장성이 좋다 보니까 감자를 전쟁 보급품에 넣은 것이죠. 최초로 감자를 전투 식량으로 쓴 것은 스페인의 해군이었습니다. 그전까지 말이나 가축의 사료로 쓰이던 것을 가져다 군인들의 식량으로 쓴 거죠.

우리나라에도 전투 식량이 있습니다. 바로 청국장입니다. 청국장은 된장과 달리 콩을 2~3일 정도 만에 발효시킨 음식입니다. 청국장은 다른 말로 '전국장'(戰國醬)이라고 합니다. 싸울 때 먹는 음식이라는 뜻입니다. 삶은 콩은 스스로 발효가 되기 때문에 전투 중에도 오랫동안 먹을 수 있었던 것이죠. 일본의 청국장인 '낫토'도 전투 식량이었다고 합니다. 청국장이나 낫토는 지금도 대표적인 건강식입니다.

통조림과 함께 근대의 대표적인 전투 식량은 건빵입니다. 건빵은 수분을 5퍼센트 이하로 만든 말 그대로 '마른 빵'입니다. 수분이 적기 때문에 음식의 보존 기간이 늘어납니다. 또 칼로리가 높아서 식사 대용으로도 쓰일 수 있습니다. 건빵은 전투 식량뿐만 아니라 재난 식량으로도 쓰입니다.

1960년대 이후 인스턴트 음식이 쏟아지면서 전투 식량은 더욱 발전하게 됩니다. 동결 건조 기술을 이용한 다양한 식품이 나왔습니다. 장기 보존할 수 있는 진공 포장법이 개발되고, 열을 낼 수 있는 발열체가 작아지면서 손쉬운 취사도 가능해졌습니다. 오늘날 전투 식량과 가장 비슷한 음식은 뜨거운 물을 바로 넣어서 먹을 수 있는 간편식입니다. 컵라면이나 각종 레토르트 식품이 그렇지요.

## "밀리면 죽는다"

전투 식량의 기술이 최고로 집약된 음식은 우주 식량입니다. 우리나라 최초의 우주인이었던 이소연 박사는 2008년 비빔밥과 불고기를 우주 식량으로 가져갔습니다. 식혜, 수정과 같은 전통 음료도 우주에서 즐겼다고 합니다. 우주 식량의 조건은 전투 식량보다 까다롭습니다. 일단 수분이 6퍼센트 이하의 건조된 블록 형태이어야 합니다. 무해한 미생물이라도 우주 공간에서는 돌연변이를 일으킬 수 있는 만큼 무균 상태로 만들어야 합니다. 우주인들이 머무는 국제우주정거장(ISS)은 기압이 낮아 물 최대 온도가 섭씨 70도에 불과해요. 낮은 온도의 물에서도 쉽게 음식이 복원돼야 합니다.

우주 식량이나 전투 식량의 핵심은 이처럼 조리가 쉽고 높은 칼로리에 있습니다. 그래야 전투에 집중할 수 있으니까요. 이런 음식들은 등산이나 운동 등 에너지 소비가 많은 야외 활동에도 좋습니다.

단점도 있어요. 영양소가 제한적입니다. 장의 연동 운동을 돕는 식이 섬유 섭취가 거의 불가능합니다. 비타민이 부족하고 높은 칼로리로 성인병의 원인인 비만을 일으킬 수 있습니다. 일상적으로 먹기는 어려운 음식인 셈이죠. 우리가 공부하다가 혹은 일하다가 손쉽게 한 끼 때울 요량으로 먹는 라면, 햄버거, 피자 같은 패스트푸드들이 그렇습니다.

인류는 유인원 시절부터 야채와 잡곡을 먹어 왔습니다. 그래서 인간의 몸은 칼로리 과잉보다는 부족한 상태에 더 적응돼 있습니다. 따라서 고칼로리 음식을 많이 먹는 오늘날, 잡곡으로 된 밥과 신선한 야채와 양질의 단백질로 영양의 균형을 잡아 줘야 합니다. 그렇지 않으면 변비는 물론이고 필요한 영양분이 부족해 결핵 등 각종 질병에 노출됩니다.

현대인들은 일상이 전쟁인 삶을 살고 있습니다. "밀리면 죽는다", "탈락하면 끝이다." 이런 말을 반복해서 듣습니다. 심지어 가족들한테서도 말입니다. "걱정 마라", "우리는 네 편이다"고 말해 줘야 할 사람들이 오히려 등을 떠밉니다. 모두가 세파에 지친 걸까요?

밀려도, 탈락해도 끝은 아닙니다. 인생은 늘 출발입니다. 인생의 묘미는 끝을 향해 가는 것이 아니라 늘 출발하는 데 있습니다. 인생을 딛는 두 발은 긴 겨울에 있지만 눈은 봄을 바라봐야 합니다. 그것이 전투 식량으로 하루를 버티는 팍팍한 삶을 살지 않을 수 있는 비결입니다.

# 전쟁터 같은 일상에서 밥 먹기

전쟁터 같은 일상에서 끼니마다 집
밥을 먹기란 참 어렵습니다. 어떻게 식
사를 해결해야 집밥을 먹을 때처럼 건
강할 수 있을까요? 여기에도 요령이 있
습니다.

### 1. 섬유질을 먹는다

고기를 못 먹으면 힘이 없다는 사람
은 있어도 야채를 못 먹어서 힘이 없다는 사람은 드뭅니다. 그러나 단백질을 필요로 하
는 우리의 몸은 그만큼 야채도 요구합니다. 어쩌면 야채가 고기보다 더 중요할지 몰라
요. 야채에 들어 있는 섬유질은 장의 활동을 도와 배변을 수월하게 합니다. 야채를 먹
지 못하면 변비에 걸릴 확률이 높아집니다. 그러나 우리가 밖에서 먹는 음식은 대부분
섬유질이 부족합니다. 야채는 보관이나 손질이 까다롭기 때문입니다. 저도 고등학교
때 매끼 라면이나 가락국수로 때우다 심한 변비에 걸린 적이 있었습니다. 야채가 많은
나물 비빔밥, 우거지탕 이런 걸 먹어야 합니다. 이런 음식들은 칼로리도 낮아 비만 우려
도 적습니다.

### 2. 상하기 쉬운 재료의 음식을 먹어라

신선한 음식을 먹어야 한다는 뜻입니다. 대표적인 게 생선이죠. 생선은 금세 상합니
다. 구이용 생선은 상한 것을 쓰기 어렵습니다. 오래된 생선을 구우면 냄새가 나서 먹
을 수가 없어요. 냉동 보관도 오래하기 어렵다는 뜻입니다. 오래된 생선으로는 맑은 국
을 끓일 수가 없습니다. 따라서 맑은 생선탕을 먹는 것도 요령입니다.

다음은 두부입니다. 두부 역시 오래되면 바로 냄새가 납니다. 냉동도 어렵습니다. 생
선과 두부 모두 소고기나 돼지고기보다 건강식으로 꼽히는 음식입니다.

야채 역시 시간이 지나면 무르기 쉽습니다. 농약을 치지 않아도 잘 자라는 상추, 호
박은 안심하고 먹을 수 있습니다.

### 3. 튀긴 것, 간 고기로 만든 것, 첨가물이 많은 것은 먹지 마라

여러분 또래가 제일 좋아하는 음식 가운데 하나는 튀긴 것입니다. 튀김은 그 자체로

나쁜 음식이 아닙니다. 음식 재료가 달궈진 기름으로 들어가면 재료 속 수분이 날아가고 그 자리에 기름이 채워지게 됩니다. 그래서 튀김을 먹으면 파삭파삭한 식감이 나는 겁니다.

문제는 오래된 기름입니다. 집에서는 튀김을 한 번 하고 버리지만 음식점에서는 그 기름을 여러 번 사용한다는 겁니다. 튀김 기름을 여러 번 쓰면 트랜스지방 같은 유해 물질이 생깁니다. 그런 기름이 몸에 좋을 리가 없죠.

간 고기도 마찬가지입니다. 우선 갈았기에 어떤 고기인지 알 수가 없습니다. 상태를 확인할 수가 없어요. 안심이나 등심이면 갈아서 나올 리가 없죠. 밖에서 파는 햄버거, 동그랑땡이 대표적인 간 고기 음식입니다. 각종 첨가물이 들어간 음식도 피해야 합니다. 아무리 안전하다고 해도 본질적으로 화학 물질입니다.

### 4. 강한 향 강렬한 색의 음식은 피하라

과자와 음료에는 대부분 색소와 인공 향기가 첨가돼 있습니다. 여기에 값싸게 단맛을 내는 액상과당이 들어 있습니다. 액상과당은 옥수수에서 단맛을 추출한 것인데요. 무해하다고는 하지만 일부 학자들은 알레르기와 비만의 원인으로 꼽고 있습니다.

색소와 인공 향기 역시 최근 유해 논란에 휩싸여 있습니다. 과자나 탄산음료는 칼로리도 높지만 이런 인공 첨가물 때문에 가급적 조금만 먹는 게 좋습니다.

### 5. 과일은 꼭 챙겨 먹어라

과일은 소화가 매우 빠릅니다. 또 각종 항산화 물질과 비타민이 듬뿍 함유돼 있습니다. 그래서 저는 부자의 밥상과 가난한 자의 밥상의 가장 큰 차이는 과일이라고 생각합니다. 늘 신선한 과일을 먹을 수 있도록 신경을 쓰면 영양제 같은 의약품을 따로 먹을 필요가 없습니다. "토마토가 빨갛게 익으면 의사의 얼굴이 파랗게 질린다"는 유럽 속담은 그래서 생긴 겁니다.

이 음식이 어디서 왔는가?
내 덕행으로 받기가 부끄럽네
마음의 온갖 욕심 버리고
육신을 지탱하는 약으로 알아
보리*를 이루고자 공양을 받습니다
–우리나라 불교의 공양 게송* 「오관게」 전문

*보리(菩提): 깨달음을 뜻하는 불교 용어
*공양 게송: 식사를 할 때 부르는 노래


　요리는 마술입니다. 불은 인간에게 샘물 같은 지혜를 줬습니다. 불로 질기고 딱딱한 음식 재료를 요리해 손쉽게 먹게 되면서 인간은 남은 에너지로 뇌를 키웠고, 결국 똑똑해졌다는 가설에 따르면 말입니다. 그런데 이 가설은 저의 짧은 인생에 적용해도 상당 부분 맞습니다.

　제가 요리를 시작한 지는 만 8년 정도가 됩니다. 8년 전의 저와 지금의 저는 참 많이 다릅니다. 8년 전쯤 저는 원시 시대 짐승을 잡으러 다니는 사냥꾼을 닮았습니다. 목표가 설정되면 앞뒤 가리지 않고 달성해야 했습니다. 그게 저에게 큰 이익이나 명성을 주지 않아도 상관없었습니다. 대학 시절부터 저는 그저 설정한 목표는 반드시 쟁취해야 한다는 오기 같은 것으로 똘똘 뭉쳐 있었습니다. 당시 저의 좌우

명은 '포기하지 않는다'였습니다. 물론 이런 성향이 오늘의 저를 이루는 데 어느 정도 기초가 된 것은 맞을 겁니다.

그렇지만 지금 그 시절을 돌이켜보면 부끄러운 일투성이입니다. 성취는 작았고 방황은 이어졌습니다. 남에게는 물론 저 스스로에게 어떤 공간도 열어 주지 못했습니다. 그것은 누군가에게도 저에게도 상처로 남았습니다. 청소년의 특징이라는 '질풍노도의 시기'를 30대까지 경험해야 했던 셈입니다.

요리를 하면서부터 저는 조금씩 달라졌습니다. 먼저 끼니 걱정이 사라졌습니다. 휴일 아침 '오늘은 또 뭘 사 먹나.' 하는 불안에 시달리지 않아서 맘이 편해졌습니다. 계절에 따라 야채와 생선을 골라 요리하는 즐거움은 조금 과장을 보태면 소풍 가기 전날 밤 초등학생들이 느끼는 설렘과 다를 게 없습니다. 마음 맞는 사람이 제 요리를 기다리며 맞은 편에 앉아 있다면 더할 나위가 없죠. 그러면서 생활이 다소 느긋해지고 활력이 생겼습니다.

가끔은 저희 가족을 위해 평생 주방에서 분주했던 어머니를 위해 요리를 하기도 합니다. 그럴 때 어머니는 "남자가 무슨 요리냐?" 하며 지청구를 주시지만 저는 마음이 흐뭇해집니다.

요리 덕분에 호기심이 꼬리를 무는 것도 즐거움의 하나입니다. 끊이지 않는 호기심이 이 책을 비롯해 두 권의 책으로 이어졌습니다. 자랑할 만한 수준은 아니지만 요리를 시작하기 전에는 상상도 할 수 없던 일입니다.

이 책은 요리로 얻은 제 지식을 보여 주기 위해서 쓴 책이 아닙니다. 저는 요리를 통해 또 다른 세계를 발견했습니다. 청소년 여러분들에게 제가 마흔쯤에서야 겨우 발견한 신세계를 소개하기 위해서 이 책을 썼습니다. 그런 점에서 이 책은 인문 교양 책이라기보다는 요리책이라고 할 수 있습니다.

제가 생각하는 요리의 최고 매력은 지성뿐 아니라 감성의 발달을 가져온다는 점입니다. 요리가 나의 몸을 이루는 음식들이 다른 생명과 연관이 있다는 것을 이해하게 만들기 때문입니다. 요리하기 전에는 그저 모든 음식을 무심하게 먹었다면, 요리를 한 뒤에는 달랐습니다. 한 그릇의 된장국을 먹으면서도, 약동하던 생명체들이 나를 위해 뚝배기에 이렇게 의젓하게 누워 있다는 것을 알아차리게 됩니다. 말하지 않는 것들과 대화를 하면서 좀 더 겸손해집니다. 겸손한 경청은 다른 생명과의 교감을 가져옵니다. 제가 매년 허브를 베란다에 키우게 된 것도 그런 까닭이 아닐까 생각합니다.

이런 깨달음이 일면 공장 같은 축사에 갇혀서 단지 죽기 위해 사료로 키워지는 가축의 살을 탐닉하지 않게 됩니다. 또 공장에서 색소와 향료 범벅으로 만드는 음식을 접했을 때 조금 더 신중해집니다. 이런 판단력은 내 몸의 건강을 지키기 위해 적극적으로 음식을 선택하는 '음식 시민'으로 성장할 수 있는 기초를 제공해 줍니다. 고백한다면 저는 요리를 하기 전까지 "고혈압이나 혈관 장애의 원인이 되는 트랜스지방이 포함돼 있는 마가린을 먹지 마라"는 식의 음식 관련 교육을 받은 적이 거의 없었습니다. "고기를 먹어야 힘을 쓴다"는 잘못된 상식이 음식과 관련한 건강 정보의 대부분이었습니다.

그래서 저는 청소년 여러분들에게 지식을 외우기보다 감자 샐러드나 멸치 국물을 내는 요리를 해 보라고 권하고 싶습니다. 쉬운 요리를 하나씩 하다 보면 금세 연관된 요리를 몇 가지 더 할 수 있습니다.

"학원 가느라 바쁜데 어떻게 요리를 해요"라고 반문한다면 할 말은 없습니다. 하지만 요리는 공부를 잘 할 수 있는 건강과 감성을 갖추는 데 도움이 됩니다. 가족과 친구에게 따끈한 국물 요리를 대접하는 즐거움은 잘 나온 성적표만큼이나 짜릿합니다. 부모님이나 친구와 요리를 만들며 시간을 보내는 것은 예술 교육의 효과와도 맞먹는다는 연구도 있습니다.

요리는 겸손하고 수고로운 작업입니다. 재료를 사서 손질하고 요리하고 그리고 설거지를 하고……. 한 끼 식사에 담긴 수고를 알게 되면 밥 한 그릇 대하는 자세도 달라집니다. 그리고 우리에게 따뜻한 밥을 주기 위해 노력하시는 부모님과 이 세상을 바라보는 눈길도 조금은 달라집니다.

요리는 인간이 주변 세계와 이에 영향을 받는 자신의 마음을 읽어 내려가는 인식론의 과정과 일치합니다. 알게 되고, 그래서 행동하고, 그 결과물을 함께 향유하는 요리는 예술은 물론이고 진리를 배우는 과정과도 흡사합니다. 학교에 학원에 늘 바쁜 여러분이 요리가 주는 작지만 결코 가볍지 않은 깨달음을 이 책을 통해 만날 수 있기를 바랍니다.

# 음식은 인류를 어떻게 바꾸었나?

## 1. 원시

137억 년 전 우주의 탄생

45억 년 전 지구의 탄생

> → *우주와 지구는 어떻게 탄생했나?  (4. 식물)*

38억 년 전 지구 생명의 탄생

> → *지구는 왜 생명을 잉태할 수 있었나?  (3. 물)*

35억 년 전 최초 식물인 조류(藻類)의 탄생

> → *생명은 왜 식물로 진화했나?  (4. 식물)*

> → *곰팡이는 왜 맛이 있는가?  (16. 곰팡이)*

5억년 전 캄브리아기 다양한 생명들의 탄생(캄브리아기 대폭발)

> → *식물은 어떻게 생명의 폭발을 이끌었나?  (4. 식물)*

4억년 전 데본기, 동물이 최초로 바다에서 육지로 올라옴

> → *동물은 어떻게 바다에서 육지로 올라왔나?  (4. 식물)*

350만 년 전 인간(오스트랄로피테쿠스) 직립 보행 시작

> → *인간은 왜 나무에서 내려왔나?  (2. 손)*

250만 년 전 석기 시대의 시작

　　→ 인간은 왜 도구를 쓰게 됐나?　(2. 손)


50만 년 전 불의 사용

　　→ 불은 왜 신의 선물인가?　(1. 불)


기원전 1만 3000년 정착 생활 시작

　　→ 인간은 정착하면서 어떻게 달라졌나?　(5. 곡식,　6. 물고기)


기원전 1만 년 인간, 포도주를 마시기 시작하다

　　→ 왜 우리는 포도주 신화만 익숙할까?　(8. 술)


기원전 9000년 농업의 시작, 가축 사육

기원전 5000년 벼농사 시작

기원전 4000년 옥수수 재배, 청동기 제련

　　→ 인간은 언제부터 쌀과 밀을 먹게 됐을까?　(5. 곡식)

　　→ 인간은 왜 계급을 가지게 됐을까?　(6. 물고기)

　　→ 인간은 왜 지금도 모두가 배부르게 먹고 모두 잘살지 못할까?　(17. 콜라)

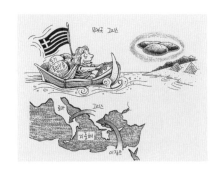

## 2. 고대(기원전 3000년~서기 600년)

기원전 3200년 메소포타미아 도시국가 등장

기원전 3000년 이집트 문명 시작

기원전 2600년 최초의 피라미드 축조

    → 도시국가는 어떻게 형성됐나?  (5. 곡식)

    → 고대인들은 피라미드를 어떻게 만들었을까?  (7. 빵)


기원전 2000년 중국 하나라 건국

기원전 1800년 바빌로니아, 메소포타미아 통일, 함무라비 법전 편찬

기원전 1400년 서남아시아 히타이트족, 쇠 제련, 본격 정복 활동 시작

    → 고대 국가는 어떻게 형성됐을까?  (5. 곡식)

    → 어떤 나라는 철기를 쓰고 어떤 나라는 청동기 혹은 석기를 썼을까?  (10. 고기)


기원전 753년 로마 건국

기원전 509년 로마 공화정 수립

기원전 500년 그리스 아테네 민주주의 시작

기원전 492년 그리스·페르시아 전쟁

기원전 431년 펠로폰네소스 전쟁으로 스파르타가 그리스 패권 장악

기원전 334년 알렉산더 대왕 원정

기원전 264년 로마·카르타고 포에니 전쟁 시작

기원전 27년 로마 제정 시작

→ 빵은 어떻게 서양을 넘어 세계를 대표하는 음식이 됐을까? *(5. 곡식)*

→ 그리스는 왜 민주주의를 도입하게 됐을까? *(7 .빵)*

→ 로마는 왜 지금까지도 서양 제도와 사상의 중심이 됐을까? *(8. 술)*

→ 우리는 왜 그리스·로마 신화와 성경을 알아야 하나? *(9. 후추)*

기원전 4년 예수 그리스도 탄생

　　　→ 물고기는 왜 음식에서 종교의 상징이 됐을까? *(6. 물고기)*

589년 수나라 중국 통일

601년 수나라 대운하 완성

612년 수나라 고구려 침략

618년 수 멸망, 당나라 건국

　　　→ 고대 중국은 왜 당시 세계 최고의 나라가 됐을까? *(11. 국수)*

## 3. 중세(600년~ 1600년)

1095년 1차 십자군 전쟁

1171년 십자군에 맞서 살라딘 장군 술탄으로 등극

1200년경 이슬람 나침반을 항해에 사용

　　　→ 기독교는 선이고 이슬람은 악일까? *(9. 후추)*

　　　→ 낙후된 서양은 어떻게 동양을 따돌릴 수 있었을까? *(9. 후추)*

1231년 교황 이노센트3세 종교 재판소 건립

1300년경 이탈리아 르네상스 시작

1419년 포르투갈 항해왕 엔히크 왕자 항해 학교 설립

1455년 구텐베르크의 성경 인쇄

1453년 오스만 제국, 콘스탄티노플 정복

1475년 콘스탄티노플에 최초의 커피숍 키바한 탄생

1492년 콜럼버스 서인도제도 발견

1497년 포르투갈 바스코 다 가마, 인도 항로 발견

→ 서양은 왜 대항해 시대를 열었을까? *(9. 후추)*

→ 콜롬버스는 위대한 탐험가일까, 학살의 원흉일까? *(9. 후추)*


1517년 마틴 루터, 종교 개혁

1519년 대서양 횡단 노예 무역 시작

1521년 스페인, 아즈텍 테노치티틀란 정복

1530년경 감자, 유럽에 전파

→ 서양은 왜 노예 무역을 하게 됐을까? *(12. 설탕)*

→ 노예 무역은 왜 서양을 부자로 만들었을까? *(15. 감자)*


1532년 스페인, 잉카 정복

→ 잉카와 아즈텍은 왜 숫적으로 열세인 스페인 군대에 속수무책으로 당했을까? *(10. 고기)*

1557년 포르투갈, 중국 마카오 조차(租借)

1558년 영국, 엘리자베스 여왕 즉위

1588년 영국, 스페인 무적함대 격퇴

1592년 일본, 조선 침략

    → 유럽에서도 별볼일 없던 영국은 어떻게 세계를 지배하게 됐을까?  *(14. 차)*

    → 반대로 유럽을 지배하던 스페인은 왜 유럽의 3등 국가로 전락했을까?  *(13. 커피)*

    → 일본은 왜 조선을 침공했을까? 일본은 어떻게 세계 최초의 소총 부대를 만들었을까?

      *(9. 후추,  17. 콜라)*


## 4. 근대(1600년~1900년)

1600년경 유럽에 중국과 일본 차 전파

1600년 영국 인도 동인도회사 설립

1603년 일본, 에도 막부 성립

    → 서양은 동양을 어떻게 이용했는가?  *(14. 차)*


1632년 갈릴레오 종교 재판에 회부

1637년 프랑스 철학자 데카르트, 『방법서설』 출간

1650년 영국 옥스퍼드에 서양 최초의 커피 하우스 설립

1687년 영국 과학자 뉴튼, 『프린키피아』에서 만유인력 주장

1690년 영국 존 로크, 경험론 주장

    → 서양은 왜 합리적 사고가 발달했을까?  *(13. 커피)*

    → 영국은 왜 근대 과학의 요람이 됐을까?  *(13. 커피)*

→ 왜 영국에는 경험론이 프랑스와 독일에는 합리론이 싹텄을까?  *(13. 커피)*

1692년 미국 매사추세츠주 세일럼 마을 마녀재판

1763년 와트 증기 기관 혁신, 방적기 발명

1776년 미국 독립 선언, 영국 애덤 스미스 국부론 출간

1789년 프랑스 혁명

1807년 영국 미국, 노예 무역 금지

    → 증기 기관은 왜 영국에서 상업화됐을까?  *(12. 설탕)*

    → 노예 무역은 왜 금지됐을까?  *(13. 커피)*

    → 『국부론』은 진보적인 책인데 왜 지금은 보수주의의 교과서가 됐을까?  *(12. 설탕)*

    → 마녀재판은 어떻게 이루어졌나?  *(15. 감자)*

1810년 프랑스 발명가 아페르, 병조림 발명

1815년 나폴레옹 워털루 전투에서 패배

    → 유럽의 독재자들은 왜 러시아에 패배했을까?  *(19. 전투 식량)*

1840년 영국-청나라 아편 전쟁

    → 세계 최고의 나라였던 중국은 왜 서구의 침략을 받아야 했을까?  *(14. 차)*

1846년 아일랜드 감자 대기근

    → 감자는 어떻게 해서 대표적인 구황작물이 됐을까?  *(15. 감자)*

1857년 프랑스 파스퇴르, 미생물 연구

1859년 찰스 다윈 『종의 기원』 출간

　　→ 곰팡이를 왜 생명의 시초라고 부를까?　(16. 곰팡이)


1861년 미국 남북 전쟁

1862년 미국 노예 해방 선언

1869년 미국 대륙 횡단 철도 개통

　　→ 미국은 어떻게 세계 제1의 국가가 됐을까?　(17. 콜라)

　　→ 우리는 왜 미국의 문화 속에서 살아갈까?　(17. 콜라)


## 5. 현대(1900년~현재)

1904년 미국 세인트루이스, 엑스포 및 제3회 하계 올림픽 개최

　　→ 미국 음식은 그전의 음식과 어떻게 다른가?　(18. 햄버거와 피자)

　　→ 공장에서 나온 음식은 우리에게 어떤 영향을 미쳤는가?　(18. 햄버거와 피자)

　　→ 햄버거와 피자는 미국 음식인가 유럽 음식인가?　(18. 햄버거와 피자)


1914년 1차 세계 대전 발발

1917년 러시아 혁명

1929년 대공황

1934년 히틀러 독일 총통 취임

1939년 2차 세계 대전 발발

1942년 나치 유대인 대량 학살 계획 실행

1945년 미국 핵폭탄 투하, 일본 항복

  → 유럽은 왜 자기 땅에서 세계 대전을 벌이게 됐나?  *(17. 콜라)*

  → 공황은 왜 전쟁의 서막일까?  *(17. 콜라)*

  → 인류는 왜 서로와 서로를 대량 학살하게 됐을까?  *(17. 콜라,  19. 전투 식량)*


1956년 미국 로큰롤 가수, 엘비스 프레슬리 등장

1964년 영국 로큰롤 그룹, 비틀스 미국 입성

  → 왜 모든 대중음악은 흑인 음악에서부터 왔다고 할까?  *(12. 설탕)*


1986년 체르노빌 핵발전소 사고

1990년 미국 항공우주국(나사) 허블 망원경 가동

  → 인간은 만물의 영장인가?  *(1. 불)*

  → 원자를 이루는 가장 작은 단위인 소립자들은 어디서부터 왔을까?  *(4. 식물)*

# 참고 문헌

가브리엘레 키서 지음 · 줄리아 비트캄프 그림, 박종대 옮김, 『마라의 시간 여행』,
웅진주니어, 2006.

가와기타 미노루 지음, 장미화 옮김, 『설탕의 세계사』, 좋은책만들기, 2003.

강석영 · 최영수 지음, 『스페인 · 포르투갈사』, 미래엔, 2005년.

김민수 지음 · 이현세 그림, 『처음으로 만나는 그리스 로마 신화』, 녹색지팡이, 2011.

김복래 지음, 『프랑스 식도락과 문화정체성』, 북코리아, 2013.

김성윤 지음, 『커피 이야기』, 살림출판사, 2004.

김태권 지음, 『십자군 이야기』, 비아북, 2012.

나탈리 르비살 지음, 배영란 옮김, 『청소년 코끼리에 맞서다』, 한울림, 2011.

니얼 퍼거슨 지음, 구세희 · 김정희 옮김, 『시빌라이제이션』, 21세기북스, 2011.

도로테 부르제 글 · 지스몬드 퀴리아스 그림, 『나는 감자』, 청어람주니어, 2009.

로렌 슬레이터 지음, 조증열 옮김, 『스키너의 심리상자 열기』, 에코의서재, 2005.

리처드 랭엄 지음, 조현욱 옮김, 『요리 본능』, 사이언스북스, 2011.

린 마굴리스 · 도리언 세이건 지음, 홍욱희 옮김, 『마이크로 코스모스』, 김영사, 2011.

마리 자겐슈나이더 지음, 이온화 옮김, 『재판』, 해냄, 2003.

미국 국무부 · 주한미국대사관 공보과, 인포피디아 USA, 2004.

미야지키 마사카츠 지음, 이영주 옮김, 『하룻밤에 읽는 세계사』, 알에치코리아, 2012.

안대희 · 정병설 · 이용철 지음, 『18세기의 맛』, 문학동네, 2014.

빌 브라이슨 지음, 이덕환 옮김, 『거의 모든 것의 역사』, 까치, 2003.

수자원공사 누리집, 〈물 정보관〉.

수잔 제퍼스 지음, 최권행 옮김, 『시애틀 추장』, 한마당, 2004.

스튜어드 리 엘런 지음, 이창신 옮김, 『커피 견문록』, 이마고, 2008.

스티븐 솔로몬 지음, 주경철 등 옮김, 『물의 세계사』, 민음사, 2013.

시드니 민츠 지음, 김문호 옮김, 『설탕과 권력』, 지호, 1998.

식품의약품안전처, 「밀가루에 대해 얼마나 알고 계십니까?」, 2009년 9월 보도자료.

신야 히로미 지음, 이근아 옮김, 『병 안 걸리고 사는 법』, 이아소, 2006.

앤드류 H 놀 지음, 김명주 옮김, 『생명 최초의 30억 년』, 뿌리와이파리, 2007.

왕런샹 지음, 주영하 옮김, 『중국 음식 문화사』, 민음사, 2010.

외교부 누리집, 홍콩·마카오 개황.

유진규 지음, 『옥수수의 습격』, 황금물고기, 2011.

이욱정 연출 〈누들로드〉, 한국방송 다큐멘터리, 2008.

자크 앙크틸 지음, 최내경 옮김, 『목화의 역사』, 가람기획, 2007.

재래드 다이아몬드 지음, 김진준 옮김, 『총, 균, 쇠』, 문학사상사, 2005.

잭 첼로너 지음, 『죽기 전에 꼭 알아야 할 세상을 바꾼 발명품 1001』, 마로니에북스, 2010.

잭 터너 지음, 정서진 옮김, 『스파이스』, 따비, 2012.

차희영 지음, 『오파린이 들려주는 생명의 기원 이야기』, 자음과 모음, 2011.

폴 프리드먼 지음, 주민아 옮김, 『미각의 역사』, 21세기북스, 2009.

하인리히 야콥 지음, 곽명단 등 옮김, 『빵의 역사』, 우물이있는집, 2005.

한나 아렌트 지음, 김선욱 옮김, 『예루살렘의 아이히만』, 한길사, 2006.

해럴드 맥기, 강철훈 등 옮김, 『요리와 음식』, 백년후, 2011.

허균 지음, 『사찰의 장식 그 빛나는 상징의 세계』, 돌베개, 2000.

히로세 다치시게 지음, 김슬기 옮김, 『우주의 탄생과 대칭』, 승산, 2011.